Wie sie damals lebten

IN DER WELT DER WIKINGER

800 – 1100

Wie sie damals lebten

IN DER WELT DER WIKINGER

800 – 1100

Von der Redaktion der Time-Life Bücher

TIME-LIFE BÜCHER, AMSTERDAM

INHALT

DRACHENSCHIFFE AM HORIZONT

SEEFAHRER AUS DEM NORDEN

Wie es männliche Tugend war, zogen sie in die Ferne, um Gold zu erbeuten – so lautet sinngemäß die Inschrift auf einem Runenstein zum Gedenken einer Gruppe schwedischer Wikinger. Diese Männer waren einst ausgezogen, um ihr Glück zu machen, und hatten mit der Waffe in der Hand fern der Heimat den Tod gefunden. In ihrer Ruhelosigkeit und ihrem Wagemut waren sie typisch gewesen für die Bewohner aller nordischen Länder jener Epoche, die um 800 einsetzte und Zeitalter der Wikinger genannt wird. Mit verheerenden Überfällen auf Klöster und andere ungeschützte Ortschaften an den Küsten Englands und des europäischen Festlands hatten die expansiven Raub-, Handels- und Kolonisierungsfahrten der Nordmänner begonnen, und diese Angriffe sollten das Bild, das die Nachwelt von ihnen hatte, prägen: Man behielt sie in Erinnerung als mordende und brandschatzende Barbaren. Aber das war nur die halbe Wahrheit: Die Wikinger waren ebenso Siedler wie Invasoren, Entdeckungsfahrer wie Plünderer, Händler wie Eroberer, Schöpfer wie Vernichter.

Lange bevor sie mit Gewalttaten und Plünderungen von sich reden machten, waren die Skandinavier als umtriebige Händler bekannt gewesen. Schon um 1500 v. Chr. überquerten sie die Nordsee, um mit den Bewohnern Irlands und Englands Waren zu tauschen. Im 1. nachchristlichen Jahrhundert unterhielten sie Handelsbeziehungen mit den Römern, und im 5. Jahrhundert waren ihre geschäftigen Handelsorte das Ziel zahlreicher ausländischer Kaufleute. Der Handel führte den Skandinaviern den Reichtum anderer vor Augen und weckte Träume von Raub und Eroberung.

Doch um solche Träume in die Wirklichkeit umzusetzen, fehlte den Skandinaviern noch ein wichtiger Schritt in der Kunst des Schiffbaus. Die Boote, die sie bis dahin benutzt hatten, besaßen noch kein Segel; zwar gestatteten sie Fahrten über die heimatlichen Fjorde, doch über das offene Meer nur bei günstigem Wetter. Im 8. Jahrhundert war es dann soweit: Die Wikinger hatten ihr gefürchtetes Langschiff entwickelt – ein Segelschiff, schnell, wendig, hochseetauglich und flach gebaut,

793
Wikinger plündern das Kloster auf der Insel Lindisfarne vor der ostenglischen Küste.

810
Dänische Wikinger greifen die friesische Küste an, die zum Reich Karls des Großen gehört.

um 830 – 850
Norweger dringen in Irland ein und gründen Dublin als Stützpunkt und als Handelsplatz; Dänen machen ihnen die Oberhoheit streitig.

853
Der Norwegerführer Olaf besiegt die Dänen in Irland und herrscht dort bis zu seinem Tod im Jahre 871.

um 860
Wikinger entdecken die Insel, die später Island heißen wird.

865 – 870
Ivar der Knochenlose und andere Wikingerführer fallen in England ein und wüten im Land.

871
Alfred der Große tritt die Herrschaft in Wessex an und nimmt den Kampf gegen die nordischen Eindringlinge auf.

so daß es sowohl auf den Strand gelegt als auch flussaufwärts gerudert werden konnte. Das Langschiff gab den Skandinaviern die Möglichkeit, in die Welt hinauszufahren, und Tausende nahmen sie wahr und stillten ihren Hunger auf Land, Abenteuer und Raub.

An einem Junitag des Jahre 793 landeten die Nordmänner in Langschiffen auf der Insel Lindisfarne vor der englischen Ostküste und plünderten das dortige Kloster, wobei sie zahlreiche Mönche niedermetzelten und andere in die Sklaverei entführten. Der Überfall, der im christlichen Europa blankes Entsetzen hervorrief, markierte den Beginn des kriegerischen Wikingerzeitalters. Anfangs beschränkten sich die Raubzüge auf die Küsten, und die Angreifer tauchten in kleinen Gruppen auf, die sich mit ihrer Beute ebenso schnell wieder davonmachten, wie sie gekommen waren. Wenig später erschienen organisierte Invasionsverbände aus Dänemark, Schweden und Norwegen, die inzwischen im Begriff waren, eine nationale Identität zu entwickeln. Angeführt wurden die Wikinger von ehrgeizigen Häuptlingen und Königen, die in fremde Länder einfielen, Territorien eroberten und Tribute forderten. Im Jahr 810 attackierte der dänische König Godfred (Göttrik) die friesische Küste, die damals zum Reich Karls des Großen gehörte (und heute Teil der Niederlande ist). Von seinen anfänglichen Erfolgen ermutigt, träumte Godfred davon, noch viel größere Teile des Kaiserreichs unter seine Herrschaft zu bringen, doch er starb, bevor er seine Pläne umsetzen konnte. Karl der Große seinerseits hatte Zeit, sein Land für zukünftige Wikingerüberfälle zu wappnen.

Verwundbarer waren die in viele rivalisierende Kleinkönigreiche zerfallenen britischen Inseln. Im Verlauf des 9. Jahrhunderts eroberten norwegische Wikinger weite Teile Irlands, wo sie Dublin und andere Städte gründeten – und sich mit den Dänen herumschlagen mussten, die versuchten, den Norwegern die Macht in Irland zu entreißen. Ihre größten territorialen Eroberungen machten die Dänen allerdings in England, wo sie immer weiter vordrangen, bis König Alfred der Große

um 874

Norweger gründen eine Siedlung in Island.

um 885

Harald Schönhaar bringt fast ganz Norwegen unter seine Herrschaft.

885 – 886

Dänen belagern Paris, bis sie von den Franzosen freie Durchfahrt stromaufwärts und 700 Pfund Silber erhalten.

907

Die Rus – schwedische Wikinger in Russland – greifen Konstantinopel von See her an; der byzantinische Kaiser bietet ihnen Tribut und Handelsrechte an.

911

Der französische König Karl der Einfältige überträgt dem Wikingerführer Rollo die spätere Normandie als Lehen.

von Wessex sie aus Südengland vertrieb. Dennoch verblieb den Dänen ein großes Gebiet im Norden und Osten des Landes: Danelag, das Dänenland. Danach richteten sie die Wucht ihrer Angriffe auf Frankreich, wo sie die Seine aufwärts ins Landesinnere vordrangen und im Jahr 885 mit einer großen Flotte Paris belagerten. Mit der Zeit zog sich diese Invasionsstreitmacht wieder zurück, aber an der französischen Küste blieben die Wikinger so präsent, dass der französische König schließlich das von den Nordmännern besetzte Territorium, die Normandie, ihrem Häuptling Rollo als Lehen übertrug. In der Zwischenzeit drangen Schweden tief nach Russland ein. Sie beherrschten den Sklavenhandel, siedelten sich an Orten wie Bulgar und Kiew an, das sie zu ihrem Zentrum machten, und trieben Handel mit Kaufleuten aus dem Byzantinischen Reich und der arabischen Welt. Zu guter Letzt stießen die Wikinger bis zum Mittelmeer und an die Küsten Nordafrikas vor.

Ausgelöst wurde die Expansionswelle zumindest teilweise durch Unruhen in den skandinavischen Stammländern, wo ambitionierte Könige wie Harald Schönhaar aus Norwegen die Kleinkönigreiche mit Waffengewalt unter ihrer Herrschaft vereinten und gegnerische Häuptlinge entmachteten. Viele von diesen verließen mit ihren Anhängern das Land. Der Aufstieg Harald Schönhaars war einer von mehreren Faktoren, die zwischen 870 und 930 Tausende von Skandinaviern – zumeist Norweger – veranlassten, den Nordatlantik zu überqueren und sich in Island anzusiedeln. Doch Island war nicht die letzte Etappe. Im Jahr 982 rüstete der Isländer Erik der Rote ein Schiff aus und segelte nach Westen, wo er Grönland erkundete. Einige Jahre später gründete er dort eine Kolonie. Eriks Sohn, Leif Eriksson, trat in die Fußstapfen seines Vaters und brach um 1000 auf, um von Grönland aus Neuland zu entdecken, und erreichte die Küste Nordamerikas; es entstand eine Wikingersiedlung an einem Ort namens Vinland, doch sie wurde nach kurzer Zeit wieder aufgegeben.

In Europa steuerte das Zeitalter der Wikingereroberungen mittlerweile auf einen Höhepunkt zu. Das Christentum, das in Skandinavien Einzug gehalten hatte, verdrängte bis zum 11. Jahrhundert nach und nach den traditionellen nordischen Götterglauben. Eine wichtige Rolle in dieser Entwicklung spielten christliche Könige wie Olaf Haraldsson (später Olaf

930
Isländer gründen eine Volksversammlung, das Althing; ihm obliegen die Gesetzgebung und die Rechtsprechung. Das Althing ist praktisch das erste Parlament Europas.

982
Der Isländer Erik der Rote entdeckt Grönland.

986
Erik der Rote und etwa 400 Isländer kolonisieren Grönland.

1000
Das isländische Althing beschließt die Übernahme des Christentums als Staatsreligion.

um 1000
Eriks Sohn Leif erreicht die nordamerikanische Küste und überwintert an einem Ort, den er Vinland nennt.

1015
Nach langen Kriegsfahrten kehrt Olaf Haraldsson nach Norwegen zurück; als König erklärt er das Christentum zur Staatsreligion.

1016–1035
Der Dänenkönig Knut erobert den englischen Thron. Er regiert fast 20 Jahre lang – mit beträchtlichem Erfolg.

der Heilige genannt), der 1015 den norwegischen Thron bestieg und die Religionsfrage in seinem Land mit Waffengewalt entschied. Wie seine Feldzüge zeigten, trug das Christentum nicht zum Frieden im hohen Norden bei. Nachdem die skandinavischen Könige ihre Macht im eigenen Lande gefestigt hatten, wetteiferten sie untereinander und mit den Herrschern Englands und der Normandie um die Hegemonie. Zu den erfolgreichsten dieser wikingischen Kriegerkönige gehörte Knut, der vorübergehend nicht nur sein heimatliches Dänemark, sondern auch Norwegen und England beherrschte. Danach fiel die Krone zwar an die Engländer zurück, aber das Land blieb ein Zankapfel, um dessen Besitz gestritten wurde. Im Jahr 1066 kam es zum entscheidenden Kräftemessen, an dem der englische König Harold Godwinson, der norwegische König Harald Hardradi und Wilhelm, Herzog der Normandie, beteiligt waren. Die Engländer besiegten die Norweger, unterlagen aber danach Wilhelms Normannen. Dieser Sieg der Normannen markierte das Ende der wikingischen Expansion. Damals hatten sie – wie die Wikinger in anderen Teilen Europas – ihre nordische Identität bereits aufgegeben.

Island und Grönland sollten abgelegene Außenposten der wikingischen Kultur bleiben, bis sie im 13. Jahrhundert ihre Unabhängigkeit aufgaben und sich Norwegen anschlossen. Den alten nordischen Traditionen getreu, hielten die Isländer ihre Geschichte in Sagas fest. Auf diese Weise bewahrten sie für zukünftige Generationen ein umfassendes Bild der wikingischen Welt – einer Welt, in der unbeugsame Frauen für das Wohlergehen ihrer Sippen sorgten und ihre Männer zu Gewalttaten anstachelten, in der Gesetzgeber und Friedenstifter sich heldenhaft bemühten, Streit zu schlichten und die Ordnung aufrechtzuerhalten, in der Geächtete um der Ehre ihres Namens willen auszogen und fruchtbares Land für sich und die Ihren zu erobern suchten.

Das literarische Vermächtnis der Sagadichter vermittelt uns einen anschaulichen Eindruck von den Wikingern; vervollständigt wird dieser Eindruck durch die großartigen Werke, die Künstler und Handwerker uns hinterließen. Und so formt sich das Bild von Menschen, deren Erfolg nicht allein auf ihrer in ganz Europa gefürchteten Aggressivität beruhte, sondern auch auf ihrer Anpassungsfähigkeit und Genialität.

1030
Olaf Haraldsson fällt im Kampf um die Rückgewinnung seines Reiches, das Knut ihm 1028 entriss; Olaf wird später in Norwegen als Heiliger verehrt.

1066
Der Norwegerkönig Harald Hardradi unterliegt Harold Godwinson in der Schlacht von Stamford Bridge; danach besiegt Wilhelm der Eroberer Harold in der Schlacht von Hastings.

um 1200
Nach rund 200jähriger mündlicher Überlieferung beginnt in Island die Aufzeichnung norwegischer und isländischer Sagas.

1261
Nach wirtschaftlichen Einbrüchen infolge verschlechterter Wetterbedingungen schließt sich Grönland Norwegen an und erhält dafür Handelsrechte.

1264
Interner Zwist und Wirtschaftsprobleme setzen der Unabhängigkeit Islands ein Ende; der norwegische König übernimmt die Herrschaft.

Im Zeitraum zwischen 800 und 1100 unternahmen die Wikinger von ihrer skandinavischen Heimat aus, die das Gebiet der heutigen Staaten Norwegen, Schweden und Dänemark umfasste, Raubzüge und Handelsfahrten, die sie nahezu durch die gesamte damals bekannte Welt führten. Manche segelten über die Ostsee und gründeten Handelsstützpunkte in Staraja Ladoga und Nowgorod, schlugen den Weg durch Russland nach Süden ein, bis sie Kiew und Bulgar und sogar das Kaspische Meer erreichten. Dort ließen manche wikingischen Kaufleute ihre Schiffe zurück und reisten auf dem Kamelrücken weiter – bis nach Bagdad.

Andere schlugen die Südwestroute ein und eroberten große Teile der Britischen Inseln, ließen sich in der Normandie nieder und gelangten bis ans Mittelmeer. Die Wikinger waren auch tatkräftige Kolonisten und besiedelten die Orkney- und Shetland-Inseln, die Färöer und Island. Von Island aus gründeten sie zwei Niederlassungen auf Grönland.

Schließlich segelten sie sogar über die Grenzen der damals bekannten Welt hinaus: Fast 500 Jahre vor Kolumbus landeten sie in der Neuen Welt und siedelten in Neufundland, gaben diesen Außenposten der Alten Welt jedoch bald wieder auf.

LAPPLAND
HALOGALAND
NORWEGEN
FINNLAND
FÄRÖER
SHETLAND-INSELN
ORKNEY-INSELN
RIDEN
CAITHNES
SCHOTTLAND
Stavanger
VESTFOLD
SCHWEDEN
Oseberg
Kaupang
Birka
Helgö
GOTLAND
Ladogasee
Staraja Ladoga
Nowgorod
Bulgar
RUSSLAND
LINDISFARNE
NORDSEE
Fyrkat
DÄNEMARK
OSTSEE
York
Stamford Bridge
DANELAG
Dublin
IRLAND
Haithabu
FRIESLAND
ENGLAND
London
WESSEX
Hastings
Rhein
ÄRMELKANAL
Bayeux
NORMANDIE
Paris
Seine
Kiew
Dnjepr
Wolga
KASPISCHES MEER
SCHWARZES MEER
Konstantinopel
BYZANTINISCHES REICH
SIZILIEN
MITTELMEER
Bagdad

DIE HEIMAT DER RUHELOSEN

Mit einem huldvollen Handschlag empfängt König Harald Schönhaar von Norwegen im 9. Jahrhundert den dänischen Wikingerführer Guthrum. Während Guthrum in fremde Länder einfiel und einen Teil Englands eroberte, unterwarf Harald seine norwegischen Rivalen und ging als der Erste in die Geschichte ein, der „ganz Norwegen" beherrschte. Die Illustration entstammt einer isländischen Chronik, die von großen Wikingern berichtet.

Den Geschichten nach zu urteilen, die man sich im Land des jungen Harald Schönhaar von seinen königlichen Ahnen erzählte, war von ihm Großes zu erwarten. So soll einer seiner Vorgänger einen ganzen Wald mit Feuer und Axt gerodet haben, bevor er von seinem Volk den Göttern geopfert wurde, damit sie das Land mit Fruchtbarkeit segneten. Ein anderer soll bei der Verfolgung eines Zwerges in einem Felsen verschwunden sein. Bemerkenswertes berichtete man sich auch von den Königinnen des Landes. Von Haralds Großmutter Asa hieß es, sie habe einen Knecht mit dem Auftrag ausgeschickt, ihren Mann Gudrod hinterrücks mit dem Speer zu durchbohren. Asa hatte triftige Gründe für diesen Mord, denn Gudrod hatte ihren Bruder und ihren Vater, der selbst ein König war, getötet und sie als seine Geliebte verschleppt. Nachdem sie durch diese Bluttat ihre Ehre wieder reingewaschen hatte, lebte Asa glücklich und zufrieden in königlicher Pracht bis an das Ende ihrer Tage. Mag sein, dass sie es war, die in Oseberg am Oslo-Fjord an der norwegischen Südostküste bestattet wurde, in einem Erdhügel, der außer ihrem Leichnam ein Schiff mit hohem Bug und Heck barg, dazu einen Wagen und Schlitten, Stoffe und Haushaltsgegenstände und nicht zuletzt ein rundes Dutzend Pferde, vier Hunde sowie eine Sklavin, die alle ihr Leben lassen mussten, um ihrer fürstlichen Herrin auf der Reise ins Jenseits zu dienen.

Von seinem Vater, Halfdan dem Schwarzen, lernte Harald aus erster Hand, welche Taten eines Königs würdig waren. Als Halfdan den Thron bestieg, war er nur einer von vielen norwegischen Kleinkönigen. Doch er nannte ein Reich sein Eigen, das das wohl schönste in ganz Norwegen war – nämlich Vestfold an den westlichen Ufern des Oslo-Fjords, ein Land üppig grüner Hänge, geschützter Häfen und betriebsamer Märkte. Dieses Land mit all seinem Reichtum erbte nun Halfdan, und er vergrößerte es während seiner ganzen Regierungszeit, indem er die Könige der angrenzenden Gebiete unterwarf und ihre Territorien dem seinen anfügte. Als er im Alter von 40 Jahren starb, soll sein Volk darauf bestanden haben, den Leichnam zu vierteilen, damit jede seiner Provinzen einen Teil von ihm der Erde übergeben und damit weiter von seinem Wirken profitieren könne.

Harald war gerade zehn Jahre alt, als er in der zweiten Hälfte des 9. Jahrhunderts die Nachfolge seines Vaters antrat. Er übernahm ein blühendes Königreich, dessen Regierung er zunächst seinem Onkel Guttorm überließ. Aber nicht für lange, denn er bestand bald selbst auf seinen Rechten. Harald lebte in einem Zeitalter, in dem ein zwölfjähriger Knabe an der Schwelle zum Mannesalter stand und berechtigt war zu „wikingern", wie die Norweger ihre Raub- und Beutezüge nannten. Nach den Worten eines seiner Skalden – wie die Hofdichter hießen – war Harald „ein Knabe an Jahren, aber ein Mann in allen Künsten, die ein edler König beherrschen sollte. Sein Haar wuchs dicht, mit einem herrlichen Glanz, der dem feiner Seide gleichkam. Er war der schönste aller Männer, sehr stark und hoch von Wuchs."

Wie andere hoch gestellte Wikinger berief Harald kriegerische Männer an seinen Hof, die ebenso mutig wie verschlagen waren und die er in großem Stil bei sich beherbergte. In seiner langen Halle versammelten sich weise Alte, die ihn berieten, wortgewandte Skalden, die seine Taten in Versen verherrlichten, sowie geschickte Jongleure und zungenfertige Hofnarren, die den König und sein Gefolge mit ihrer Kunst unterhielten. Doch an nichts und niemandem hatte Harald so viel Freude wie an den jungen Kämpfern, die von seiner Freigebigkeit gehört und sich ihm angeschlossen hatten, und auf niemanden sonst war er so stolz. Ein Skalde sang ihr Lob:

Schwer sind beschenkt / die Schlachthelden,
die Brettsteine rücken / an des Gebieters Hof …
An ihren Röcken sieht man's
und den Ringen von Gold,
dass sie des Fürsten Freunde sind:
Sie tragen rote Pelze, / reichumbordete,
ringgeflochtene Brünnen, / geritzte Helme,
Schwerter im Goldgehänge / mit Griffen von Silber,
Ringe ums Handgelenk, / die Harald ihnen schenkte.

Eine Hand in die Hüfte gestemmt, hält eine resolute Wikingerin mit der anderen Hand einen Mann zurück, der sich auf einen Reiter und seinen Hund stürzen will. Die in Holz geschnitzte Szene befindet sich auf einem Wagen, der zu den Grabbeigaben einer in Oseberg bestatteten Dame gehört. Wikingische Frauen waren nicht zimperlich und stets in der Lage, Blutvergießen zu verhindern – oder zu provozieren.

Männern wie diesen stand der Sinn nach Kampf, Raub und Plünderung, und wer immer sie in seinem Gefolge hatte, konnte es sich nicht leisten, sie untätig herumsitzen zu lassen. So war auch Harald vom Anfang seiner Herrschaft an auf der Suche nach Land, das er erobern und plündern konnte. Mit Guttorms Hilfe führte er Kriege gegen etliche Könige, um sein Gebiet zu erweitern. Doch wie der Isländer Snorri Sturluson berichtete, der Haralds Geschichte Jahrhunderte später schriftlich festhielt, hatte er noch nicht den Ehrgeiz, ganz Norwegen zu beherrschen. Dazu bedurfte es erst der Herausforderung einer beherzten jungen Frau.

Als Harald in ein Alter kam, in dem es ihn nach einer Frau in seinem Bett gelüstete, schickte er seine Männer nach Gyda aus, der Tochter des Königs Erik von Hordaland an der zerklüfteten Südwestküste Norwegens. Gyda lebte nicht im Haus ihres Vaters, denn Erik hatte sie gemäß der Sitte, adelige Kinder treuen Gefolgsleuten zur Erziehung anzuvertrauen, zu einem reichen Landbesitzer geschickt, der sie großzog. Vielleicht glaubte Harald, bei Gyda leichtes Spiel zu haben, bot er ihr doch statt des Landlebens ein Leben bei Hofe an. Doch Gyda war stolz und kannte ihren Wert – nicht anders als Haralds Großmutter Åsa. Sie richtete Haralds Männern aus, dass sie nicht gewillt sei, ihre Jungfernschaft an einen zu verschwenden, der über kein größeres Königreich gebot als mancher kleine Herzog. Sie könne sich allerdings vorstellen, fügte Gyda hinzu, eines Tages Haralds rechtmäßige Ehefrau zu werden, vorausgesetzt allerdings, dass er sich ihrer zuvor würdig erwiesen und „sich ganz Norwegen unterworfen“ habe.

Als Haralds Krieger dem König Gydas herausfordernde Worte überbrachten, rechneten sie fest damit, dass er die Beleidigung nicht ungesühnt lassen, sondern anordnen würde, Gyda zu entehren, was nichts anderes hieß, als ihr gewaltsam die Unschuld zu rauben. Aber es kam anders, denn der junge König hielt Gyda zugute, dass sie ihn an seine Pflicht erinnerte. Und er stellte sich der Herausforderung in bester Wikingermanier mit einem Versprechen. Er gelobte, sein Haar nicht mehr schneiden oder kämmen zu lassen, bis er ganz Norwegen in seinen Besitz gebracht habe.

In den nordischen Sagas ist von einer ganzen Reihe von Frauen zu hören, die Männer zu verwegenen, mörderischen Taten trieben. „Kalt ist Weiberrat“, besagte ein norwegisches Sprichwort – eine Weisheit, der die Menschen, die Haralds Wege kreuzten, mit Sicherheit zugestimmt hätten. Der König gab seinen ungeduldigen Kriegern das Zeichen zum Aufbruch und zog plündernd in Richtung Norden, ein brennendes Dorf nach dem anderen hinter sich lassend. Wer sich ihm widersetzte, fiel seinem Schwert zum Opfer. Wer sich beugte und einwilligte, sein Gefolgsmann zu werden, dem versprach er Frieden und seinen Schutz. Zu denen, die sich mit Harald arrangierten, gehörte ein mächtiger Häuptling des Nordens, Haakon Grjotgardson, der den Frieden mit dem König besiegelte, indem er ihm seine Tochter zur Frau gab (sie war übrigens nur eine von mehreren Gemahlinnen, die Harald im Kampf um Gydas Gunst erwarb). Mit Haakons Hilfe gelang es Harald, den Norden unter seine Kontrolle zu bringen. Dann rüstete er eine Flotte von Langschiffen aus, die „mit grimmig starrenden Köpfen und reich geschnitzten Steven“ einen furchterregenden Anblick bot. Mit ihr segelte er in Richtung Westküste, die mit ihren zahlreichen Fjorden seinen dortigen Feinden guten Schutz bot. Am Ende setzten ihm nur noch der Vater von Gyda und seine Verbündeten im Südwesten Widerstand entgegen; Harald schlug sie vernichtend in einer großen Seeschlacht bei Stavanger.

Nachdem er sich zehn ruhelose Jahre an seinen Schwur gehalten hatte, nahm Harald ein Bad und kämmte seine Haare. Ein Waffenbruder schnitt sie ihm und gab ihm den Beinamen Schönhaar. Was Gyda betraf, so gab es für sie wenig Anlass zur Freude. Ihr Vater war gefallen, und als Harald sie schließlich ehelichte, musste sie seine Gunst mit acht anderen Frauen teilen. Am Ende trennte er sich von ihr ebenso wie von den anderen, um frei zu sein für Ragnhild, eine jütländische Prinzessin, die keine andere neben sich duldete.

EIN FÜRSTLICHER ABSCHIED

Es war Spätsommer. An der Küste des Oslo-Fjords versammelten sich Trauernde, um einer Wikingerin von hohem Rang das letzte Geleit zu geben. Wie sich aus den Jahresringen der Baumstämme, aus denen die Grabkammer für die Tote errichtet wurde, errechnen ließ, muss das Begräbnis im Jahr 834 stattgefunden haben, und der Ort trägt heute den Namen Oseberg – Asas Grabhügel.

Oseberg lag in dem früheren Kleinkönigreich Vestfold, in dem Harald Schönhaar wenige Jahrzehnte nach der Bestattungszeremonie die Thronfolge antrat. Nach den reichen Grabbeigaben zu urteilen, handelte es sich bei der Verstorbenen um eine der führenden Personen von Vestfold, wenn nicht tatsächlich um Haralds Großmutter, Königin Asa.

Ein prunkvolles Langschiff – vom Bug bis zum Heck 21,44 Meter lang –, das die hohe Herrin in die andere Welt tragen sollte, wurde an Land gezogen und in eine zuvor ausgehobene Grube gesenkt. In einer Grabkammer aus Baumstämmen hinter dem Mast wurde dann der Leichnam auf einem mit Schnitzereien verzierten Bett aufgebahrt; eine Wand der Kammer hatte man zuvor mit einem Teppich *(nächste Seite)* verhängt. Damit die Verstorbene die Fährnisse der Reise nicht allein zu bestehen hatte, betteten die Totengräber ihr zur Seite den Leichnam einer jungen Frau, die ihr vermutlich zu Lebzeiten gedient hatte und sie in den Tod begleitete.

Das Schiff war mit allem ausgestattet, was die Herrin und ihre Begleiterin sowohl auf der Reise als auch an ihrem Ziel benötigen würden. An Bord geschafft wurden 30 Ruder, ein mit

Wikinger beladen ein Drachenschiff für eine Reise ins Jenseits. Die Zeichnung zeigt ein fürstliches Begräbnis, wie es ähnlich in Oseberg stattgefunden hat.

Von der Schnitzkunst der Wikinger zeugt der Wagen vom Osebergschiff.

Schnitzereien reich verzierter Wagen, mehrere Schlitten, zwei Zelte, vier zusätzliche Betten, ein Stuhl, Holztruhen, messingbeschlagene Bottiche – von denen einer mit wild wachsenden Äpfeln gefüllt war –, Werkzeug und Samen, Webstuhl und Küchengeräte. Dazu kamen, wie bei anderen Schiffsgräbern aus der Wikingerzeit, exotische Gegenstände aus aller Herren Länder. Zuletzt wurde mindestens ein Dutzend Pferde an Bord des Schiffs geführt und getötet.

Als alle diese Vorbereitungen beendet waren, kürzten die Totengräber den Mast. Dann bedeckten sie das Schiff und alles, was sich darauf befand, mit einem Hügel aus Steinen, Lehm und Grassoden. So blieb der Nachwelt eines der schönsten Schiffsgräber erhalten, die die Wikinger ihren Toten für die Fahrt ins Jenseits ausrichteten.

Auf diesem rekonstruierten Teil des Oseberg-Teppichs ist ein festlicher Zug dargestellt, bei dem stolze Pferde Wagen ziehen. Der Wandbehang ist eines der wenigen Beispiele wikingischer Textilarbeiten, die erhalten geblieben sind.

Wenn Schnee die Erde bedeckte, benutzte man Prunkschlitten wie diesen, der sich mit drei weiteren an Bord des Osebergschiffes befand.

Mit ihrer legendären Herausforderung brachte Gyda viel Leid über sich selbst und ungezählte andere. Indirekt verursachte sie aber auch eine Reihe von Großtaten, und das nicht nur auf Seiten Haralds. Dessen Eroberungen endeten mit der Vertreibung stolzer Männer von ihrem angestammten Land, und von diesen Vertriebenen setzten einige mit ihren Gefolgsleuten Segel, um nunmehr ihrerseits bereits besiedeltes Land zu erobern oder neues, unbewohntes Land zu kolonisieren. „Zu jener unruhigen Zeit … wurden fremde Länder entdeckt und bevölkert", schrieb der Isländer Snorri mit Blick auf die Eroberungsfahrten, die die Wikinger auf die vom Wind gepeitschten schottischen Inseln, die Färöer und zu seinem geliebten Island führten, wo Norweger um die Zeit der gewaltsamen Reichseinigung durch Harald eine neue Heimat fanden. Snorri gab an, von den Wikingern abzustammen, die von Harald vertrieben worden waren, und ehrte des Königs Andenken nicht. Doch er wußte sehr wohl, dass der unbändige Stolz, der in Männern wie Harald lebte, und der Drang, Herausforderungen anzunehmen und sich im Kampf zu bewähren, Gutes wie Schlechtes zur Folge hatten. Das Wüten der Wikinger war wie eine Naturgewalt, zerstörerisch und schöpferisch zugleich. Von eiskalt berechnenden Ratgebern und heißem Ehrgeiz getrieben, entfachten die Wikinger Stürme, die ihr Ursprungsland erschütterten und auf überseeische Gebiete übergriffen – mit Untergang im Gefolge für die einen und Erneuerung für die anderen.

Wie alle nordischen Sagas stellte Snorris Bericht vom Aufstieg des Königs Harald Schönhaar eine Mischung aus Fakten und Fiktion dar. Es stimmt, dass Harald sich gegen Ende des 9. Jahrhunderts den Weg auf den Thron Norwegens erkämpfte. Aber Teile des Landes blieben außerhalb seiner Kontrolle, und seine Eroberungen waren nicht der einzige Grund, der Wikinger veranlasste, ihrer Heimat den Rücken zu kehren. Denn als Harald den Höhepunkt seiner Macht erreichte, waren Wikingerhorden aus den sich formierenden Staaten Norwegen,

Das Relief links zeigt mythische Gestalten, die einer Seeschlange Köder zuwerfen. Die Wikinger benutzten Speer, Angelhaken und mit Sinksteinen *(unten)* beschwerte Netze, um in den fischreichen nordischen Gewässern Hering, Kabeljau und Schellfisch zu fangen.

Dänemark und Schweden bereits seit einem runden Jahrhundert kein ungewohnter Anblick im Ausland mehr. Einige dieser Invasoren und Siedler waren von Eroberern wie Harald aus Skandinavien vertrieben worden. Andere hatten einsehen müssen, dass die wachsende Bevölkerung in ihrer Heimat ihnen keine Chance ließ; sie wanderten aus, um jenseits der Meere, die sie mit ihrer Kenntnis der Navigation und ihren Schiffen beherrschten, eine neue Lebensbasis zu suchen.

Die Wikinger, die sich in besiedelten Ländern wie England oder der Normandie niederließen, vermischten sich mit der ansässigen Bevölkerung und übernahmen sowohl deren Sprache als auch deren Lebensweise. In menschenleeren Regionen wie Island dagegen behielten die nordischen Emigranten ihre Art, ihr Leben zu gestalten, weitgehend bei. Island wurde zu dem großen Schutzgebiet wikingischer Kultur, wo sich die Sitten und Vorstellungen der norwegischen Vorfahren erhielten – wie übrigens der frühen Skandinavier im allgemeinen, denn die wikingischen Völker waren gemeinsamen Ursprungs und hatten bis ins frühe Mittelalter hinein eine gemeinsame Sprache, das Altnordische.

Ob sie in der Heimat blieben oder sie verließen, die Wikinger hatten die Fähigkeit, schwierigste Bedingungen zu meistern, denn sie waren nicht nur aufbrausend und gewalttätig, sondern auch geschickt und arbeitsam, und sie wussten aus begrenzten Mitteln das Beste zu machen, sei es durch den Anbau von Feldfrüchten, durch Viehzucht oder Fischfang. Was sie außerdem auszeichnete, war die Organisation ihres Zusammenlebens – in ihren Volksversammlungen hatte jeder Freie eine Stimme – und ihr Talent als Kaufleute. Zur Zeit Haralds entwickelten sich die Wikinger rapide zu den führenden Händlern Europas. Orte wie Haithabu – beim heutigen Schleswig gelegen –, Birka in Schweden und Kaupang in Haralds Stammland Vestfold wurden zu florierenden Handelszentren, von deren Einnahmen die Könige ihren Anteil kassierten und diesen verwendeten, um ihren territorialen Ehrgeiz zu befriedigen.

Nicht nur durch Raub und Eroberungen, sondern auch durch Handelsfahrten machten sich Wikinger einen Namen. So ist uns die Geschichte eines unternehmerischen norwegischen Händlers mit Namen Ottar überliefert, der aus der hoch im Norden gelegenen Provinz Halogaland Ende des 9. Jahrhunderts an den Hof Alfreds des Großen in England kam und so großen Eindruck auf den König machte, dass dieser sich von ihm aus seiner Heimat berichten und den Bericht aufzeichnen ließ.

Alfreds Schreiber nannten die Umstände nicht, die Ottar an den Hof des Königs geführt hatten. Man darf aber annehmen, dass er unter dem Schutz Alfreds Handel treiben wollte, denn er und der König hatten ein gutes Einvernehmen – und das war schon ungewöhnlich. Immerhin hatte der Angelsachse Alfred, der im Jahr 871 an die Macht gekommen war, den größten Teil seiner Regie-

Dieser in Schweden gefundene Werkzeugkasten enthielt über 200 Teile, darunter Schneidewerkzeug, Zangen, Sägen, Äxte und Feilen zur Bearbeitung sowohl von Holz als auch von Metall. Der vielseitige Handwerker, dem der Kasten aus Eichenholz gehörte, könnte Schiffbauer gewesen sein.

rungszeit damit verbracht, nordische Invasoren abzuwehren, bei denen es sich mehrheitlich um Wikinger aus Dänemark handelte. Schließlich hatte er einen Vertrag mit ihnen abgeschlossen, der ihm einen Teil Englands sicherte, und zwar den Süden und Westen einschließlich seines angestammten Königreiches Wessex, südlich der Themse. Das Territorium im Norden und Osten war Siedlungsgebiet der Wikinger, das so genannte Danelag.

Den halbwegs gesicherten Frieden nutzte Alfred, um ein Land wieder aufzubauen, in dem die Wikinger ein Jahrhundert lang gewütet hatten. Er ließ in allen Teilen seines Landes befestigte Städte anlegen und rettete, was von den Kulturgütern der Klöster nach den langen wikingischen Plünderungen übrig geblieben war. So beschloss er unter anderem, eine Reihe von Büchern, die er für die wichtigsten hielt, aus dem Lateinischen ins Angelsächsische übertragen zu lassen. Eines dieser Bücher war ein weltgeschichtliches Werk, das im 5. Jahrhundert von dem spanischen Presbyter und Schriftsteller Paulus Orosius verfasst worden war. Als Ottar mit Geschenken aus Walross-Elfenbein an Alfreds Hof kam und sich unter dessen Schutz stellte, hieß der König ihn willkommen – und sorgte dafür, dass der Bericht des Besuchers über die wenig bekannte wikingische Welt in Orosius' Buch eingefügt wurde.

Vermutlich saßen sie zusammen in der aus Stein erbauten und mit Fresken geschmückten Halle König Alfreds in Winchester. Ottar erzählte, und aufmerksam lauschten die Schreiber, deren Sprache derjenigen der Wikinger ähnelte, und pflichtgetreu protokollierten sie jedes seiner Worte. Sie waren zweifellos tief beeindruckt von diesem Besucher aus einem fremden, kargen Land, das so gar nicht ihrem grünen, lieblichen Wessex glich.

Nicht ohne Stolz ließ Ottar den König wissen, er lebe „am nördlichsten von allen Norwegern". Bis in die Arktis reichte sein Heimatland Halogaland, dessen Name möglicherweise von dem flackernden Nordlicht abgeleitet war. Die felsige Küste ernährte nur eine Handvoll Wikinger; die übrigen Bewohner waren Angehörige eines Stammes, die Ottar „Finnas" nannte. Die Finnas, die nicht etwa Finnen, sondern Lappen waren, hielten unter anderem Rentierherden. In den kälteren Monaten gingen sie auf die Jagd nach Elchen, Füchsen, Mardern, Nerzen und anderen Pelztieren; im Sommer kamen sie an die Küste, wo sie fischten, Eier und Daunen aus den Nestern der Eiderenten sammel-

In den eiskalten Wintern, die ihre Länder jährlich heimsuchten, benutzten die Wikinger Schlitten, Schier oder Schlittschuhe *(kleines Bild)*, um von einem Ort zum anderen zu kommen. Die Schlittschuhe waren aus Knochen geschnitzt und wurden mit einem Riemen an den üblichen Lederschuhen befestigt. Man lief mit ihnen ähnlich wie mit Schiern, indem man sich mit Stöcken, die Metallspitzen hatten, abstieß.

ten und Wale, Walrosse und Seehunde erlegten. Den Finnas verdankte Ottar einen Großteil seines Reichtums. In Halogaland besaß er einen kleinen Bauernhof, doch der Boden warf wenig ab, und die Vegetationsperiode war kurz. Auch sein Viehbestand schien nach angelsächsischen Maßstäben kümmerlich. „Er gehörte zu den ersten Männern dieses Landes", notierten Alfreds Schreiber, „obwohl er nicht mehr als zwanzig Rinder und zwanzig Schafe und zwanzig Schweine hatte, und das Wenige, was er pflügte, pflügte er mit Pferden." Zusätzlich jedoch hatte er das Recht, Abgaben von den Lappen zu kassieren – die sich damit vermutlich die Freiheit erkauften, ihr traditionelles Leben unbehindert weiter führen zu dürfen. „Jeder zahlte nach seinem Vermögen", hieß es in der Chronik, wobei „der Vornehmste fünfzehn Marderfelle, fünf Rentierfelle und ein Bärenfell und zehn Scheffel Federn und einen Kittel aus Bärenfell oder Otterfell und zwei Schiffstaue, jedes sechzig Ellen lang" zu entrichten hatte. „Das eine solle aus Walhaut gemacht sein, das andere aus Seehundhaut."

Einen Teil der Naturalien, die Ottar und seinesgleichen von den Lappen erhielten, dürfte Harald Schönhaar kassiert haben, auch wenn Ottar von einer solchen Abgabeverpflichtung an den König nichts erwähnte (vielleicht fand er es unhöflich, vor Alfred von einem rivalisierenden König zu sprechen). Mit dem Rest lohnte sich die Handelsfahrt, zumal er auch eigene Erzeugnisse zu verkaufen hatte. Er besaß eine ansehnliche Rentierherde, 600 zahme Tiere insgesamt und drei besonders wertvolle „Lock-Rentiere", die abgerichtet waren, wilde Artgenossen an die Herde heranzuführen und so zwischen sich zu nehmen, dass sie sich leicht einfangen ließen. Ottar deutete an, dass die Tiere „noch unverkauft" waren, als er seine Heimat verließ, was den Schluss nahelegt, dass er sie nicht für den eigenen Bedarf hielt, sondern um sie zu Geld zu machen.

Von den Finnas – den Lappen – hatten Ottar und die anderen Wikinger des hohen Nordens außerdem die Walrossjagd und den Walfang gelernt. Die Walrossjagd brachte sie in den Besitz des kostbaren Elfenbeins – dessen Wert Ottar so hoch einschätzte, dass er sich bei seiner Ankunft am Hof nichts Kostbareres als Gastgeschenk für König Alfred denken konnte –, und aus der Haut der Tiere ließen sich noch bessere Seile und Taue anfertigen als aus der von Walen und Seehunden. Aus einer Walrosshaut, die von Kopf bis zum Schwanz in Spiralen geschnitten wurde, entstand ein Tau, das fast zehnmal so lang war wie das Tier selbst und zudem so fest, dass man Schiffsladungen voll Baumstämme damit zusammenbinden konnte. Was die Wale betraf, so rühmte sich Ottar, zusammen mit fünf Gefährten an zwei Tagen 60 Stück erlegt zu haben. Der größte von ihnen sei 50 Ellen lang gewesen, also 30 bis 40 Meter, gab er an. Das war entweder eine ziemlich dreiste Übertreibung – oder ein Übersetzungsfehler, der darauf beruhte, dass es mit dem Verständnis und der Umrechnung der jeweils gebräuchlichen Maße zwischen Angelsachsen und Wikingern noch haperte. Gewiss ist allerdings, dass jeder erlegte Wal den Jägern Fleisch, Knochen und Tran für ihre Öllampen im Überfluss bescherte.

Ottar war zweifellos ein vielseitiger Mann – und ein Kenner vieler Häfen. Er berichtete seinem englischen Gastgeber von seinen ausgedehnten Handelsfahrten und den verschiedenen Orten, die er ansteuerte. Von Halogaland segelte er in der Regel nach Süden, wobei er der norwegischen Küste bis zur Spitze folgte und dann in Kaupang am Oslo-Fjord anlegte. Die Reise bis zu dem norwegischen Handelshafen dauerte einen Monat, vorausgesetzt, dass die Winde günstig wehten und er die Nächte jeweils an Land verbrachte – eine Regel, die jeder vernünftige wikingische Seemann befolgte, solange er eine Küste in der Nähe hatte.

Ottar fühlte sich nicht dazu verpflichtet, seine Waren in Kaupang zu verkaufen, wo im Zweifelsfall schon des Königs Leute warteten, um ihren Anteil einzutreiben. Vielmehr kannte er den Seeweg nach Haithabu, das von Kaupang in südlicher Richtung nur fünf Schiffstage entfernt an der Ostseeküste – beim heutigen Schleswig – lag. Die Schiffsrouten dorthin waren das Revier von

Holzspielzeug, hier ein Pferd und ein Boot, förderte die Phantasie der Wikingerkinder, die keine formale Ausbildung bekamen, sondern lernten, indem sie Älteren halfen. Jungen bereiteten sich in Trainingskämpfen auf das Kriegshandwerk vor. Die Zeit, die Kinder beiderlei Geschlechts üblicherweise bei Zieheltern verbrachten, lehrte sie Anpassungs- und Kontaktfähigkeit.

Piraten, so dass die Handelsschiffe im Verband fuhren. Dennoch fand Ottar, dass sich die Überfahrt für ihn lohnte, und man darf vermuten, dass er sich in Haithabu fast wie zu Hause fühlte. Zu jener Zeit herrschte noch weitgehend Sprachgleichheit unter den verschiedenen nordischen Völkern, und die Menschen empfanden sich eher ihrer Herkunftsregion als ihrem Land zugehörig. Somit dürfte es Ottar ziemlich gleichgültig gewesen sein, ob ein norwegischer oder ein dänischer König von seinem Handel profitierte. Tatsächlich lässt seine herzliche Beziehung zu Alfred darauf schließen, dass es ihm mehr als recht gewesen wäre, den Widersacher der Nordmänner zu seinen königlichen Schutzherren zählen zu dürfen. Mit seiner Anpassungsfähigkeit und seinem Opportunismus verkörperte Ottar genau den Typ des Wikingers, der die entferntesten Winkel seiner alten Welt – und Reisen in neue Welten – nicht scheute, wenn sie Gewinn versprachen.

Viele Wikinger unternahmen Seereisen, die ähnlich kühn waren wie die Ottars, aber wenige waren so frei wie er, tun und lassen zu können, was sie wollten. Es ist möglich, dass die Skandinavier, die wie Ottar im hohen Norden des Landes oder in anderen abgelegenen, einsamen Gegenden aufwuchsen, die

Rigorosität der wikingischen Gesellschaft nicht so stark zu spüren bekamen wie die in bevölkerungsreicheren Landstrichen, aber es existierten doch klare Standesunterschiede. Jungen und Mädchen, die die Schwelle zum Erwachsenenalter überschritten, kannten ihren Platz in der Gesellschaft und wussten, was von ihnen erwartet wurde. Gesetz, Tradition und Mythologie definierten ihre Rollen und ihre Pflichten.

Ein alter Mythos, der als Teil der *Edda* in dem isländischen *Merkgedicht von Rig*, der *Rigsthula*, überliefert ist, berichtet, wie es zu den Ständen kam. Einstmals, so hieß es dort, durchwanderte Rig oder Heimdall, der Vater der Menschheit, die Welt, bis er zu einer ärmlichen kleinen Hütte kam. In dieser Hütte lebten Ahn und Edda oder Urgroßvater und Urgroßmutter, beide schon sehr betagt. Ihre Kleidung war alt und abgetragen, und sie hatten Rig nichts anderes anzubieten als ein Stück grobes Brot und etwas Brühe. Rig verweilte bei ihnen drei Tage; die Nächte lag er zwischen ihnen in ihrem Bett. Dann zog er weiter.

Mit solchen bronzenen Fibeln befestigten Wikingerfrauen die Schulterträger ihres Gewands. Mit Kette und Anhänger waren die Gewandspangen ein aparter Schmuck.

Neun Monate später gebar Urgroßmutter einen Sohn, der den Namen Thrall (Knecht) erhielt. Thrall war ein runzeliges, grobschlächtiges Geschöpf mit einem Buckel und großen Füßen, und er heiratete später ein ebenso ungestaltes Mädchen namens Magd. Aus dieser Verbindung ging eine Schar von Kindern hervor, die Namen trugen wie Brummer, Holzstange und Dicke. Dies waren die wikingischen Sklaven, diejenigen, die Feuerholz auf ihrem Rücken schleppten, Torf in Mooren stachen, Dung auf den Feldern verteilten und die übrige schwere Arbeit erledigten.

Die vielen Menschen, die von den Wikingern in Knechtschaft – oder Sklaverei – gehalten wurden, kamen von nah und fern. Einige von ihnen waren Skandinavier, die ihre Freiheit verloren hatten, weil sie ihre Schulden nicht bezahlen konnten, oder die wegen eines Verbrechens zur Knechtschaft verurteilt worden waren. Die Mehrzahl aber waren Fremde, die, von wikingischen Händlern oder Beutemachern gefangen genommen, in deren Eigentum verblieben oder in Marktstädten wie Haithabu an den Meistbietenden verkauft wurden. Die Sklaven hatten keinerlei Rechte. Sie konnten heiraten, aber falls sie Kinder zeugten, wurden auch diese Sklaven; das gleiche galt für die Bastarde, die aus den Verbindungen zwischen Herren und Sklavinnen hervorgingen, wobei den Sklavinnen oft Gewalt angetan wurde. Wenn ein mächtiger Wikinger starb, war es nicht unüblich, Sklaven zu opfern, so dass sie ihm im Jenseits zu Diensten sein konnten. Wurde ein Sklave umgebracht, stand dem Besitzer eine Entschädigung zu (in England setzten wikingische Siedler den Wert eines Sklaven auf acht Kühe fest). Ein kleiner Hofbesitzer mit einem Dutzend Kühen und einigen Pferden hatte zwei oder drei Sklaven; bei großen Landbesitzern waren es 30 und mehr. In jedem Fall aber war ein Herr gut beraten, wenn er für seine Knechte ebenso gut sorgte wie für sein Vieh.

Knechte und Mägde lebten Seite an Seite mit ihren Besitzern; zum Teil gehörten sie sogar zur Familie, sei es als Geliebte der Herren oder als Verwandte. Familiengefühle oder die Dankbarkeit ihres Herrn für geleistete Dienste konnten so weit gehen, dass sie die Freiheit geschenkt oder zumindest ein Stück Land zugewiesen bekamen oder eine handwerkliche Ausbildung erhielten, damit sie sich das Geld für den Kauf der Freiheit verdienen konnten. Freigelassene Sklaven pflegten sich von ihren ehemaligen Besitzern Schutz zu erbitten; im Gegenzug verpflichteten sie sich zu absoluter Treue. An dieses Gefolgschaftsverhältnis waren auch die folgenden Generationen gebunden.

Ein erheblich erstrebenswerteres Leben als die Sklaven führten die Freien, wie der nächste Aufenthaltsort des Gottes Rig auf seiner Wanderung durch die Welt veranschaulicht. Nachdem Rig den Stand der Knechte und Mägde geschaffen hatte, gelangte er an eine komfortable Halle, einen Gutshof, wo er die Gastfreundschaft eines fleißigen Paares namens Ätti und Amma – oder Großvater und Großmutter – genoss. Großvater trug einen sauberen, hüftlangen Kittel, und sein Bart war kurz gestutzt. Er saß an einem Feuer und schnitzte Holz für einen Webstuhl zurecht, während Großmutter neben ihm Garn spann. Ihr Haar war sittsam unter einer Haube verborgen, und Spangen an den Schultern hielten ihr Gewand, das einer Kittelschürze ähnelte. Ätti und Amma boten Rig ein herzhaftes Mahl und für die Nacht einen Platz in ihrem Bett an. Auch dieses Mal schlief Rig drei Nächte zwischen seinen Gastgebern, bevor er wieder seines Weges zog.

Neun Monate später brachte Großmutter einen Jungen zur Welt, der den Namen Karl (der Freie) erhielt. Karl war kräftig und hatte eine frische, rosige Gesichtsfarbe sowie klare, leuchtende Augen. Als er zum Mann reifte, heiratete er ein hübsches Mädchen mit einem feinen Umhang aus Ziegenleder und dem passenden Namen Schnur, denn sie trug eine Kordel um die Taille. An dieser Kordel hingen Schlüssel, die das Zeichen dafür waren, dass sie die Herrin eines Hauses werden und ihren Mann in Zeiten der Abwesenheit vertreten würde. Das Paar hatte Söhne, die die Namen Steilbart, Hölder und Schmied trugen, und Töchter, die Maid, Mädchen und Tüchtig hießen. Diese begründeten den Stand der Karle, der freien Bauern, die Land besaßen und eigene Felder bestellten, Häuser und Scheunen erbauten, Ochsen einspannten, Kühe melkten und Butter schlugen sowie Wolle spannen und webten.

Robust und vielseitig mussten die Bauern sein, denn sie waren weitgehend auf sich allein gestellt. Ortschaften gab es nur wenige in Skandinavien; sie waren, vergleicht man sie mit denen des südlicheren Europas, klein und durch beträchtliche Entfernungen voneinander getrennt. Die meisten Höfe lagen einsam an grünen Küstenstreifen zwischen den Bergen und dem Meer. Diese Karlshöfe, die sich mit nahen und fernen Nachbarn kommunale Aufgaben und Verpflichtungen teilten, bildeten das Rückgrat der wikingischen Welt.

Jeder Hof stellte ein kleines Dorf dar, in dem eine Sippe mit all ihren Mitgliedern und einigen Sklaven lebte. Den Mittelpunkt bildete das gemeinsame Wohnhaus, ein Langhaus, das wenig an Schönheit, aber willkommene Wärme bot. Die Wände bestanden aus Holz oder aber aus Lehm, der von einem Gerüst aus Weidengeflecht gehalten und stabilisiert wurde. Um das Langhaus gruppierten sich verschiedene Wirtschaftsgebäude, die zum Teil mit dem Wohnhaus direkt verbunden waren: Ställe für das Vieh, Speicherhäuser für Getreide und Nahrung, Werkstätten für die Bearbeitung von Eisen und andere Arbeiten, Schuppen, in denen im Winter die Boote lagen, und weitere Hütten, in denen wertvoller Besitz wie Pflug, Fischereigerät, Karren, Schlitten und Schier untergebracht waren. Einige Karlshöfe

Die Schulterspange dieser Frau, dargestellt auf einem Anhänger, zieren große Perlen. Oft wurde – wie auch hier – über dem Gewand ein Umhang getragen und darunter ein gefälteltes Leinenkleid.

hatten frei stehende Aborthäuschen und saunaartige Badehäuser, und nicht selten befanden sich zwischen den Gebäuden Bestattungshügel, da nach wikingischer Sitte die Toten in der Nähe ihrer Nachkommen zu ruhen hatten.

Das Leben im Langhaus war beengt und beengend zugleich. Im Innern herrschte rauchiges Halbdunkel, denn es gab keine Fenster, und das Abzugsloch im Dach reichte oft nicht aus, um den dicken Qualm, den Herdfeuer und Öllampen mit ihrem ranzigen Fisch- oder Walöl verbreiteten, vollständig abzuleiten. Da es sich im Großen und Ganzen um einen einzigen, langen Raum handelte, konnte von Privatsphäre kaum die Rede sein. An einem Ende des Raumes hatten der Hausherr und seine Frau ihren Schlafbereich, mal hinter einer hölzernen Trennwand, mal in Form eines Alkovens, dessen Tür geschlossen und verriegelt werden konnte. Die übrigen Mitglieder des Haushalts schliefen auf dem nackten Boden oder auf Bänken, die sich an den Wänden entlangzogen. Tagsüber diente der enge Raum allen als Küche, Essraum oder Arbeitsstätte.

große Achtung entgegen, wenn sie sich auf diesem Gebiet besonders auszeichneten. Ein Gedenkstein, der für eine junge Norwegerin namens Astrid aufgestellt wurde, pries sie auf ewig als „die geschickteste Maid in Hadeland“. Mit einem ähnlichen Epitaph ehrte ein Bauer in Schweden das Andenken an seine verstorbene Frau: „Eine bessere Hausfrau wird nie nach Hassmyra kommen, um den Hof zu führen.“

Die Hausherrin trug die Insignien ihres Fleißes und ihrer Autorität stets bei sich. An Ketten, die an Spangen befestigt waren, hingen ihre Nadeln, Scheren und ein Messer. Um die Taille hatte sie eine Kordel mit Schlüsseln geschlungen; diese gehörten zu Kommoden und Truhen, in denen Haushaltsgegenstände von besonderem Wert verwahrt wurden, über die sie die Aufsicht hatte. Wie ihr Ehemann trug sie weiche Lederschuhe, die wie Slipper aussahen. Während diese ihre Schritte dämpften, kündigten ihre verschiedenen Gerätschaften und der Schmuck, der Hals und Arme zierte, ihr Kommen schon von weitem durch lautes Klimpern an.

„Nach allen Türen, wenn ein Haus man betritt, soll sorglich man sehen, soll sorglich man schauen . . .“

Die Hausfrau war für die Zubereitung und Verteilung des Essens zuständig. Sie und ihre Töchter hatten darüber hinaus Kühe und Ziegen zu melken, Käse herzustellen, Bier und Met zu brauen und in Mahlmulden aus Speckstein Getreide zu mahlen. Zum Frühstück kochten sie in der Regel Getreidebrei, und abends bereiteten sie Fisch oder Fleisch zu, indem sie die Stücke auf der Feuerstelle zwischen glühenden Holzscheiten brieten oder in einem Topf Wasser zusammen mit Gewürzen wie Wacholderbeeren, Senfsamen oder Knoblauch garten.

Außerdem verbrachte die Herrin des Hauses viel Zeit an ihrem Webstuhl, der aufrecht vor ihr stand. Hier fertigte sie den weichen Leinenstoff für die Unterkleider, Hemden und Hosen, die die Wikinger gewöhnlich auf der Haut trugen. Ebenfalls gewebt wurde ein warmer Wollstoff für Oberbekleidung, Kittel, Umhänge und Schals, die vor der Kälte schützten. Männer wussten die Web-, Näh- und Stickkünste ihrer Frauen zu schätzen und brachten ihnen

Die Ehe brachte für die Wikingerfrau eine Reihe von Vorteilen. Was sie ihrem zukünftigen Mann wert war, zeigte der Brautpreis, den er zu bezahlen hatte. Nach der einfachen Zeremonie, bei dem das „Hochzeitsbier“ gereicht wurde, übergab er ihr oft ein kostbares Geschenk. Sollte die Ehe geschieden werden, so hatte er die Mitgift, die ihr Vater ihm gezahlt hatte, zurückzugeben. Beide Partner konnten die Scheidung verlangen; sie hatten nichts weiter zu tun, als vor Zeugen das Ende der Ehe zu erklären. Ehefrauen tolerierten vielleicht die Intimitäten ihrer Männer mit einer Magd oder Geliebten, doch es gab Vergehen, die sie ihnen nur selten verziehen. Nordische Sagas berichten von Frauen, die sich von ihren Männern wegen Impotenz, des Tragens „weibischer“ Kleidung und ähnlicher Vorkommnisse trennten. Kaum etwas allerdings brachte ihr Blut so in Wallung wie schon das kleinste Zeichen von Feigheit oder Schwäche bei ihren Männern. Schließlich hing das Wohlergehen des ganzen Haushaltes von beiden Partnern ab, und

Im Inneren eines rekonstruierten Wikingerhauses in der ehemals dänischen Handelsstadt Haithabu hängt über der Feuerstelle ein Eisentopf. An der Wand schräg dahinter steht der Webstuhl, an dem die Hausfrau Tuch herstellte. In Städten wie Haithabu waren die Häuser verhältnismäßig klein, ganz im Gegensatz zu den ursprünglichen nordischen Langhäusern, von denen eines auf der schwedischen Insel Gotland wieder aufgebaut worden ist *(rechts)*.

wenn die Sippe nicht genug zu essen hatte oder ihre Ehre auf dem Spiele stand, stellte sie ihn vor die Alternative: Entweder er griff zur Waffe, oder er sah sie nie wieder.

Die meisten Wikinger brauchten keine Aufforderung, Gewalt anzuwenden und Blutrache zu nehmen oder auf Raubzug zu gehen. Doch im Gegensatz zu den Kriegern, die an den Höfen von Königen wie Harald ein bequemes Leben hatten, mußten die typischen Karle Pflichten erfüllen, die sie die meiste Zeit des Jahres daran hinderten, ihre Abenteuerlust zu befriedigen. Im allgemeinen wurden die Bauern vom Herbst bis zum Ende des Frühlings zu Hause gebraucht. Der Winter setzte früh ein, und die Monate davor hatten sie alle Hände voll mit der Ernte zu tun. Vor allem musste Heu gemacht werden, eine der wichtigsten Aufgaben in diesem harten Klima, in dem 50 Tonnen Heu gerade ausreichten, um eine 20köpfige Rinderherde über den langen, dunklen Winter zu bringen. Grob gerechnet, mussten zehn Männer einen Monat lang zehn Stunden täglich schuften, um diese Menge zu mähen, zu trocknen und einzufahren. Außerdem galt es nicht nur Kühe, sondern auch Pferde und Schafe den Winter über zu füttern. Wenn das Heu in den Scheunen lag, trieben die Männer und Jungen die Tiere auf ihren Bergweiden zusammen und hinunter zum Gehöft. Die kräftigsten Tiere kamen in den Stall. Der Rest wurde geschlachtet, das Fleisch getrocknet und eingesalzen.

Im Herbst nutzten die Männer jede freie Stunde, um auf Fischfang oder auf die Jagd zu gehen. Dasselbe taten sie im Winter, dann allerdings auf Schiern oder Schlittschuhen. Wenn Mitte April der Schnee endlich schmolz, begannen die freien Bauern mit ihren Sklaven, die kalte Erde mit Pflug und Spaten umzubrechen. Große Erdschollen schlugen sie mit Hämmern klein, und aus den Ställen wurde der Dung mit Schlitten herangefahren. Da so hoch im Norden kein Weizen gedieh, pflanzten die Wikinger hier Roggen zum Brotbacken an, Hafer zum Kochen und zum Verfüttern an die Pferde, Gerste zum Bierbrauen und Flachs für die Leinenweberei. Mit dem Frühling kam dazu die Zeit, in der man das halb verhungerte Vieh aus den Ställen holte. Manchmal, wenn die Tiere zu schwach waren, um auf den eigenen vier Beinen zu laufen, mussten sie getragen werden. Auf nahen Wiesen ließ man sie grasen, bis sie soweit zu Kräften gekommen waren, dass man sie wieder in die Berge treiben konnte. Das war gewöhnlich im Frühsommer der Fall, wenn mehrere neue Aufgaben auf die Bauern zukamen. So wurden aus den Vogelnestern an den Klippen Eier gesammelt und die Lämmer von den Müttern getrennt.

Erst im Hochsommer fielen auf den bäuerlichen Anwesen leichtere Arbeiten an, die man ohne weiteres den Jungen und den Sklaven überlassen konnte. Jetzt übernahmen die Frauen die Aufsicht, und die Männer waren frei, sich auf ihre wie auch immer gearteten Reisen zu begeben. Nicht selten waren es friedliche Absichten, die sie in der Zeit der hellen Nächte und der weniger stürmischen Meere auf die See hinaus trieben. Viele Bauern beluden ihre Schiffe mit Waren wie Speckstein aus einem heimischen Steinbruch oder Segeltuch, das ihre Frauen mit nimmermüden Händen gewebt hatten, um sie zu verkaufen. Dann machten sie sich auf in die nächste Handelsstadt.

Der norwegische König Olaf Tryggvason tötet ein Seeungeheuer – eine typische Szene aus einer der vielen Skaldendichtungen. Die Skalden waren Hofdichter und von den Königen abhängig; so ist es nicht verwunderlich, dass die Könige in den Preisliedern oft übermenschliche Taten vollbrachten.

und Streit war schnell vom Zaun gebrochen – es reichte ein Wort über ein vermißtes Tier oder eine Beleidigung.

Die angegriffene Partei pflegte Rache zu nehmen, nicht unbedingt an dem Missetäter selbst, sondern gegebenenfalls an einem höher rangigen Mitglied seiner Familie. Wenn das geschah, eskalierte die Fehde, bis Häuser niederbrannten und Mütter um ihre Kinder weinten. Doch bevor sich die Familien gegenseitig ausrotteten, griffen manchmal besonnenere Köpfe ein, die den Streit Dritten zur Lösung vortrugen – entweder angesehenen Männern, die als Schlichter vermittelten, oder dem Thing.

Die Anhörung vor dem Thing war im Grunde wiederum nur ein Kräftevergleich zwischen den rivalisierenden Familien. Ein Ankläger trat auf, unterstützt von Eidhelfern, die schworen, dass sie seiner Anklage Glauben schenkten. Dann ließ der Beklagte seine Eidhelfer aufmarschieren. Wenn es schwierig war zu entscheiden, wessen Eid glaubhafter war, kam es zu einer Unschuldsprobe. So konnte die eine oder die andere Seite aufgefordert werden, einen Stein aus kochendem Wasser zu holen. Verheilte die Verbrennung, die der Betreffende erlitt, ohne weiteres, so hatte seine Partei die Wahrheit gesagt. Es gab aber auch Fälle, in denen die Richter zu keinem Urteil gelangen konnten. Dann beauftragten sie die Ältesten der streitenden Parteien, die Angelegenheit durch einen Zweikampf auf neutralem Boden zu beenden – als solcher galt zum Beispiel eine Insel oder eine Wegkreuzung. Im allgemeinen jedoch wurde eine Partei als schuldig erkannt und verurteilt, den Schaden durch Zahlung von Geld zu ersetzen. Mit Blutgeld konnte zum Beispiel der Totschlag an einem Freien gebüßt werden, wobei die Höhe vom Rang des Opfers abhing. Aber nicht alle Vergehen ließen sich mit Geld aus der Welt schaffen. Besonders verabscheuungswürdige Verbrechen – etwa die Ermordung eines Freien, ohne dass zwischen Täter und Opfer eine Fehde herrschte – hatten den Ausstoß aus der Gemeinschaft zur Folge. Wer dieses Verbrechens für schuldig befunden wurde, konnte für eine Reihe von Jahren oder lebenslang geächtet werden und verlor seinen gesamten Besitz. Wenn er das Land nicht innerhalb einer bestimmten Frist verließ, war jedermann berechtigt, ihn ungestraft zu töten.

Urteile wie diese hätten vielleicht zu mehr Frieden in der Wikingerwelt beigetragen, wenn ihre Wirksamkeit nicht von den Jarlen oder Häuptlingen unterlaufen worden wäre. Die nordischen Karle waren zwar, anderes als die zumeist leibeigenen Bauern im christlichen Europa, frei und Besitzer ihres eigenen Landes, aber was ihren Schutz betraf, von den Jarlen (dem Äquivalent des Adels im christlichen Europa) abhängig. Im Gegenzug mussten sich die Karle verpflichten, die Interessen ihrer Schutzherren zu vertreten. Ein Jarl, für den es beim nächsten Thing um Sein oder Nichtsein ging, mobilisierte manchmal seine Karle, um mit ihnen zusammen die Anhänger eines rivalisierenden Jarls physisch daran zu hindern, bei der Versammlung zu erscheinen. Und so mancher Jarl entschloss sich, einen als schuldig erkannten und geächteten Verbrecher unter seinen Schutz zu stellen, wenn dieser ihm nahestand. Derartige Maßnahmen unterminierten die Autorität des Things und führten zwischen Jarlen zu langen, blutigen Konflikten, die wie eine Art Übung für die gefürchteten Angriffe der Wikinger auf fremde Völker waren. Nicht selten waren es Jarle, die ihre Karle zu Kampftruppen zusammenfassten und auf Schiffen in den Krieg im In- und Ausland schickten.

In der Weltsicht der Wikinger war der Jarl mehr als nur ein Freier, dessen Vorfahren verdientermaßen oder mit Glück zu Macht gekommen waren. Er gehörte einem eigenen Stand an, der sich vom Karl ebenso deutlich unterschied wie der Karl von Thrall. Das zumindest ist die Moral der letzten Episode der *Rigsthula*. Nachdem der Gott Rig (Heimdall) die Sklaven und die Freien gezeugt hatte, zog er weiter, und er kam zu einer großen Halle, die weitläufiger war und prächtiger als die Häuser, in denen er zuvor geschlafen hatte. Die Tür zu der Halle hatte einen wunderbaren Ring am Griff, und der Boden im Innern war mit Schilf ausgelegt. Rig trat ein und wurde von Vater empfangen, einem Mann in der Blüte seiner Jahre, der gerade eine Sehne für seinen Bogen drehte. Neben ihm saß Mutter, eine elegante Frau, die ihre wohlgeformten Arme zur Schau stellte und ihre Ärmel zurechtzupfte. Mutter deckte den Tisch mit einem Leintuch für Rig und trug Geflügel, Schweinefleisch, Wein in Silberschalen und Brot aus feinem weißem Weizen auf, das sich nur die Wohlhabenden leisten konnten.

Entsprechend den anderen Episoden verbrachte Rig drei Tage bei den beiden und schlief des Nachts zwischen ihnen im Bett. Neun Monate später schenkte Mutter einem Knaben mit feinem Haar und Augen, die so scharf waren wie die einer Schlange, das Leben und wickelte ihn in Seide. Das Paar gab dem Jungen

An einen jungen Schweden, der fern der Heimat ums Leben kam, erinnern diese zu einer Schlange gereihten Runen.

Die Runenreihe, nach den ersten sechs Zeichen *Futhark* genannt, hatte 16 Zeichen, die je einen Lautwert wiedergaben. Jede Rune hatte einen Namen und eine Bedeutung. Die F-Rune bedeutete „Vieh" oder „Besitz". Die eckige Form erklärt sich daraus, dass Runen in Stein, Holz oder Knochen geritzt wurden.

RUNEN ZUM GEDENKEN

Ein Skalde warnte eindringlich vor dem unkundigen Gebrauch der Runen, denn das konnte unangenehme Folgen haben: „Mit Runen fluche kein Mann, der sie nicht richtig lesen kann." Die Wikinger hielten die Runenschrift, ob in Stein gemeißelt oder in andere harte Oberflächen geritzt, für ein Geschenk der Götter, das mancherlei Macht hatte. Für sie besaßen Runen magische Kräfte, die geeignet waren, einen Feind mit einem Zauber zu belegen – wobei der Zauber, wie man fürchtete, heillos danebengehen konnte, wenn der Urheber einen Fehler machte. Vor allem aber verwendete man Runen, um alle jene zu verherrlichen, deren Leistung und Taten nie in Vergessenheit geraten sollten.

Der links abgebildete Stein war einer von 30 in Schweden, die an die Toten einer Expedition unter Ingvar dem Weitgereisten erinnerten. Die Inschrift ist in Versen abgefasst: „Mannhaft reisten sie weit, um des Goldes willen, / und im Osten fütterten sie den Adler. / Im Süden ließen sie ihr Leben, in Serkland." Mit dem Osten ist wohl Russland gemeint, das die schwedischen Wikinger durchquerten, wenn sie auf dem Weg in den Nahen Osten waren, und Serkland könnte ein arabisches Land gewesen sein. Die Metapher „den Adler füttern" heißt so viel wie „gefallene Feinde den Vögeln zum Fraß zurücklassen"; demnach töteten Ingwars Männer, bevor sie selbst starben.

Andere Runeninschriften verkündeten die Taten der Lebenden. Ein silberner Halsreif, den norwegische Wikinger erbeuteten, trug zum Gedenken an ihre Raubzüge in den Niederlanden die Worte: „Wir besuchten die friesischen Kerle, und wir waren es, die sich die Kriegsbeute teilten." Ein Schwede mit Namen Jarlabanki, der im 11. Jahrhundert einen Damm durch eine Marsch baute, verewigte seine gute Tat, indem er „zu seinem lebenslangen Gedenken" eine Gruppe von Runensteinen aufstellte. Jarlabanki war Christ, und so endete die Inschrift mit den Worten: „Möge Gott seiner Seele gnädig sein." Ältere Runensteine hatten sich noch an heidnische Götter gewandt: „Möge Thor diese Runen heiligen."

Die Herrschenden waren besonders stolz auf ihre Kenntnis der Runen, auch wenn sie nicht die einzigen waren, die sich ihrer rühmen konnten. Schreibunkundige hatten die Möglichkeit, sich an Runen-Steinmetze zu wenden und ihnen den Auftrag zu einer Inschrift zu erteilen. Einer dieser Dienstleister war Opir der Schwede, der seinen Namen unter mehr als 80 Inschriften setzte.

Bei den Inhalten der Runeninschriften handelt es sich oft um die Absicht, die Bindung an verstorbene Freunde und Sippenmitglieder für die Ewigkeit festzuschreiben. Dabei erzielten die schlichtesten Formulierungen nicht selten die größte Eindringlichkeit. Dies gilt zum Beispiel für die Worte eines schwedischen Wikingers, der seinen Waffenbruder am Dnjepr in Russland begrub: „Brand schuf diesen steinernen Sarg für seinen Kameraden Karl."

den Namen Jarl, und er entwickelte sich zu einem großen Jäger und Kämpfer. Jarl war Rigs liebstes Kind, und er lehrte den Jungen die Runen – die Schriftzeichen, die die Vorfahren benutzten, um ihre Gedanken schriftlich mitzuteilen und magische Handlungen zu vollziehen. Rig beauftragte seinen Sohn, sein Erbe anzutreten, indem er anderen den Besitz des Landes streitig machte, und Jarl gehorchte. Er zettelte Kriege an und färbte die Erde rot von Blut. Mit seinen Eroberungen sicherte er sich viele Höfe und Gefolgsleute, und er erwarb eine schöne Frau namens Lebendig.

Mit Lebendig hatte Jarl zwölf Söhne, die alle ebenso edel und kriegerisch waren wie ihr Vater. Der jüngste der zwölf allerdings übertraf seine Brüder an Eifer; er war so erfahren in der Kriegskunst und beherrschte die Weisheit der Runen in einem Maße, dass die Menschen ihn mit Rig verglichen. Der Name des vornehmen Knaben, *Kon ungr* oder Jung-Kon – sollte als Titel zukünftige Könige schmücken. Er war der Urahn Haralds und all derer, die Reiche eroberten und

„Nachruhm stirbt nimmermehr, den der Wackere gewinnt."

ihre Gefolgsleute bei großen Banketten bewirteten – Herrscher, deren Reichtum sich nicht auf Land und Waffen beschränkte, sondern die auch in Runeninschriften, Legenden und Sagas verherrlicht und mit den Göttern in Verbindung gebracht wurden.

Königliche Bankette fanden in großen Hallen statt, die viel mit dem wikingischen Langhaus gemeinsam hatten, aber größer und angemessen ausgestattet waren, um die königliche Gefolgschaft zu beherbergen. Die hölzernen Wandpaneele und Pfosten waren von oben bis unten mit Schnitzereien verziert, die aufgerollte Schlangen und geifernde wilde Tiere zeigten. An den Wänden hingen Teppiche mit Szenenfolgen aus Mythen und Legenden; ihre Gold- und Silberfäden glitzerten im flackernden Schein der Feuer. Auch des Königs Gefolgsleute boten einen prachtvollen Anblick mit ihren schimmernden Fellmänteln, unter denen sie seidene Tuniken trugen. Goldreife glänzten an ihren Armen, blitzende Stirnbänder hielten ihr langes Haar zusammen, Reife und Perlenketten schmückten den Hals. Der Schmuck war Geschenk des Königs, der dafür Sorge trug, dass es ihnen an nichts mangelte. Die Sklavinnen, die leichten Schritts zwischen den Bänken hin- und hereilten, hatten alle Wünsche der Krieger zu erfüllen und mit ihnen zu schlafen, falls den Edelleuten der Sinn danach stand. Auf Tischen mit leinenen Tischtüchern trugen die Frauen Berge von Essen auf: knoblauchgewürztes Rind- oder Schweinefleisch, das vor Fett nur so triefte, Trockenfisch, mit Butter bestrichen, feines Weizenweißbrot, Käse und fermentierte Milch.

Es war eine handverlesene Schar von Kriegern, die aus guten Familien stammten. Manche von ihnen waren Jarlssöhne, die entsandt worden waren, um die Bindung zwischen den Häuptlingen und ihrem Landesherrn zu festigen. Von klein auf bereiteten sie sich auf ein Leben des Kampfes und der Härte vor, indem sie steile Berge erklommen und im kalten Wasser von Flüssen und Fjorden schwammen. Waffen waren ihr erstes Spielzeug, und ständige Übung machte sie zu hervorragenden Bogenschützen, Schwertkämpfern und Speerwerfern. Sie drängten sich nach Ruhm, und ihr höchstes Ziel war ein Epitaph von der Art, wie es ein gefallener schwedischer Wikinger erhielt: „Er kämpfte, so lange er eine Waffe halten konnte." Die Männer standen zueinander wie Brüder, und sie pflegten ihre Verbundenheit mit Trinkgelagen in der großen Halle. Frauen brachten ihnen Trinkgefäße aus polierten Kuhhörnern, die mit Silber beschlagen und bis zum Rand mit Bier, Met oder dem raren importierten Wein aus dem Süden gefüllt waren. Die Hörner hatten keinen Fuß zum Abstellen, so dass sie geleert oder weitergereicht werden mussten, bis alle betrunken waren. Überhaupt galt der Rausch als heilig; er verlieh den Männer das Gefühl von Mut und Stärke. Im Anfangsstadium schärfte er ihren Verstand; er animierte sie beim Brettspiel, beim Rätselraten und bei dem Gesang, den sie so liebten. Er ließ sie herzhaft über die Schwänke der Narren und Kunststücke der Jongleure des Königs lachen und über die

Verse der Skalden weinen. Im weiteren Verlauf des Banketts allerdings löste Alkohol die Zunge – ein Zustand, vor dem ein Skalde ausdrücklich warnte:

Nicht ist es so gut, / wie sie gut es nennen,
das Äl [Bier] den Erdensöhnen; / denn es hat der Mann,
je mehr er trinkt, / desto weniger Bewusstsein.

Männer, die zuviel tranken, neigten dazu, ihre eigenen Taten maßlos zu übertreiben und die ihrer Waffenbrüder abzuwerten. Das alles war sportlich gemeint, aber die Sticheleien verletzten Gefühle und endeten oft in Faustkämpfen, was der oben zitierte Skalde so beschrieb:

Viele Männer
sind sich freundlich gesinnt,
doch beim Gelage lästern sie;
Unfrieden weckt das ewiglich,
es hadert Gast mit Gast.

Wenn die Sache gut ausging, griffen Friedensstifter ein, bevor Blut floss und eine regelrechte Schlacht in Gang kam. Vielleicht gehörte es mit zu den Aufgaben der Narren und Skalden am Hof, betrunkene Krieger daran zu hindern, Sticheleien auszuteilen. Denn nichts konnte Zerwürfnisse besser kitten und die Gesellschaft schneller wieder beruhigen als ein guter Witz oder das mitreißende Heldengedicht eines Skalden, der in seinen Versen diejenigen unsterblich machte, die sich im Kampf ausgezeichnet hatten:

Besitz stirbt, Sippen sterben,
du selbst stirbst wie sie.
Nachruhm
stirbt nimmermehr,
den der Wackere gewinnt.

Die Wikinger lebten in dem festen Glauben, dass mutige Krieger nach dem Heldentod für ihre Taten belohnt würden – und das nicht nur durch die Lieder der Skalden. Die Männer im Gefolge des Königs erwartete, wenn sie glorreich in der Schlacht starben, ein Sitz in Walhall, der Halle des Gottes Odin, der als Schutzherr nicht nur über die großen Krieger wachte, sondern auch über die Herrscher, in deren Dienst sie standen, und über die Dichter, die ihre Taten verherrlichten.

Odin gehörte zu der Götterfamilie der Asen, die in Asgard wohnten, einer himmlischen Festung. (Eine zweite Götterfamilie, die Wanen, war für die Erde zuständig; ihr entstammten Frey und seine Schwester Freyja, die die ewigen Kräfte der Fruchtbarkeit

Die Frau auf diesem schwedischen Anhänger hält ein Trinkhorn. Sie könnte eine Walküre darstellen, eine der Jungfrauen, die tote Krieger in Walhall, der himmlischen Halle des Gottes Odin, willkommen hießen. Bei Trinkgelagen auf der Erde war es meist Aufgabe von Sklavinnen, durstige Krieger zu bedienen, für die es Ehrensache war, „kein Bier im Horn zu lassen".

und des Verlangens verkörperten.) Odin hatte mächtige Gefährten in Asgard, zum Beispiel den Donnergott Thor, der mit seinem großen Hammer Blitze erzeugte. Die Männer der kriegerischen Wikingeraristokratie aber hegten eine besondere Verehrung für Odin, denn er hatte schwerste Prüfungen bestanden und Preise errungen, an denen sie Anteil haben konnten. Zu Odins Großtaten gehörte, dass er in die Höhle eines furchtbaren Riesen eindrang, der an der Wurzel des Weltenbaumes Yggdrasil lebte. Odin musste bei dem gewagten Unternehmen ein Auge hergeben, aber das Opfer war den Preis wert, denn er erwarb den Trunk der Weisheit und der Dichtkunst. Was der Trunk ihm verliehen hatte, gab er an die Skalden und ihre königlichen Herren weiter.

In Odins Macht lag es zu entscheiden, ob einem Krieger der Sieg zuteil wurde oder ob er im Kampf fiel. Die Besten derer, die starben, versammelte der Gott in Walhall, wo sie sich Gelagen hingaben, sich in Reden brüsteten und ähnlich weiterlebten wie auf der Erde. Allerdings konnte die Freude nicht ewig währen – den Wikingern war klar, dass nichts auf Dauer Bestand hatte. Und so war auch der Wohnsitz des Gottes nicht vor Zerstörung sicher. Das war auch der Grund dafür, dass Odin die bewährtesten Kämpfer

SPIELERNATUREN

Wenn die Wikinger abends zu ihren Gelagen zusammenkamen, unterhielten sie sich gern mit Brettspielen. Links wiedergegeben ist die Abbildung eines schwedischen Runensteins mit zwei Spielern, von denen einer ein Trinkhorn zum Mund führt. Bei einem der Spiele, das auf einem quadratischen Feld gespielt wurde, ging es darum, den von 8 Figuren geschützten König *(unten)* des Gegners mit 16 eigenen Figuren in eine Ecke zu treiben.

Spiele begleiteten viele Wikinger ins Grab, und Könner machten kein Hehl aus ihrer Kunst. „An Tischen spiele ich gekonnt", brüstete sich ein adliger Wikinger, der sich neun Talente zugute hielt: Er konnte Runen lesen und schreiben, Gedichte rezitieren, Harfe spielen, Schi laufen, rudern, handwerkern, Pfeil schießen – und eben spielen.

in seiner Halle zusammenführte. Er wusste, dass er in dem Kampf, der unausweichlich kommen musste, auf sie angewiesen sein würde: bei dem großen Endkampf, den die Wikinger Ragnarök, die Götterdämmerung, nannten. Wenn diese Zeit kam, würde alles Böse der Welt entfesselt werden. Die Götter von Asgard und Odins erwählte sterbliche Krieger würden in einen entscheidenden Kampf mit den Riesen und Ungeheuern verwickelt werden. Am Ende würde die Erde im Feuer untergehen – und die Götter mit ihr. Nur die hervorragendsten Krieger würden überleben, und aus der Asche würde eine neue Erde erstehen – denn der Zyklus von Werden und Vergehen war ewig.

Die Männer in der Königshalle verstanden all das und wussten, dass die Flucht vor dem Tod sie aller Möglichkeiten beraubte, ewigen Ruhm zu erwerben und das Ragnarök zu überleben, und dass es ihnen zur Schande gereichte, wenn sie ihre Pflicht nicht erfüllten. Nur ein Narr möge versuchen, des Lebens flüchtige Vergnügen zu verlängern, indem er den Kampf mied, schrieb ein Skalde, doch im Alter werde er dieses scheinbaren Friedens nicht froh werden.

Mut war eine hervorragende Eigenschaft der Wikinger, Klugheit und Berechnung zwei weitere: Ohne einen zwingenden Grund oder eine realistische Aussicht auf Erfolg setzten sie selten ihr Leben aufs Spiel. Zu den Helden der nordischen Sagas gehörten einige, die lieber zurücksteckten, als sich auf ein törichtes oder Unglück verheißendes Wagnis einzulassen. Einer von diesen Männern war Kveldulf; ihn beschrieb Snorri Sturluson in der *Egilssaga*, die von der Zeit der umwälzenden Ereignisse handelt, als Harald Norwegen mit harter Hand unter seiner Herrschaft einte und Snorris wikingische Vorfahren das Land hatten verlassen müssen. Kveldulf war ein wohlhabender, auf Unabhängigkeit bedachter Mann, der auf seinem Land an der Westküste Norwegens blieb und Haralds Kriegszüge weder unterstützte noch sich dem König widersetzte. Es war nicht mangelnder Mut, der Kveldulf vom Kampf fernhielt, denn „als er noch jung an Jahren war, zog er auf Wiking und heerte", bemerkte Snorri. Vielmehr vermochte er nicht zu erkennen, wie er mit seinen geringen Mitteln einen Mann von Haralds Macht und Kriegsglück unterstützen oder behindern konnte, und er war kein Mann, der sich ohne guten Grund zum Handeln entschloss.

In der Tat stand Kveldulf in dem Ruf, einer der klügsten Männer seiner Provinz zu sein. Nachbarn baten ihn um seine Meinung, und immer hatte er einen brauchbaren Rat für sie. Allerdings lernten sie, ihn nicht am Abend aufzusuchen, denn wenn die Schatten länger wurden, ging eine Verwandlung mit Kveldulf vor. Er wurde abweisend und unfreundlich und zog sich wortlos ins Bett zurück. Die Menschen nannten ihn Kveldulf oder „Abendwolf", denn er hatte die Wandlungsfähigkeit eines Gestaltveränderers, eines, der in der Mitte der Nacht oder in Zeiten der Gefahr zu einem wilden Tier wurde. Aus der Sippe der Gestaltveränderer kamen die gefürchteten wikingischen „Berserker", die „Bärenhemden" (oder „Wolfshäute", wie man sie auch nannte). Im alltäglichen Leben waren sie freundlich und unterschieden sich nicht von anderen; doch wenn es zum Kampf kam, befiel sie eine unbeherrschbare Wut, in der sie sich heulend und um sich beißend auf den Feind stürzten und mit bloßen Zähnen wie die Wölfe gegnerische Schilde zerbissen. Etwas von dieser finsteren Kraft fühlte Kveldulf in sich, sobald die Nacht hereinbrach.

Kveldulf vererbte sein doppeltes Wesen auf seinen jüngeren Sohn Skallagrim, einen hart arbeitenden Mann, der tollkühnen Abenteuern wie sein Vater skeptisch gegenüberstand und nichts davon hielt, sich weiter als nötig von seinem Haus zu entfernen. Dagegen kam Skallagrims älterer Bruder Thorolf ganz nach seiner lebenslustigen Mutter: „Er war freigebig und sehr eifrig in allen Dingen und ein höchst energischer Mann." Skallagrim scherte sich nicht um Harald Schönhaar und dessen Eroberungen, während Thorolf den Aufstieg des Königs als die Chance seines Lebens betrachtete. „Mir scheint es höchst wünschenswert, in deren Schar zu kommen", rief er aus, als er von Kveldulf erfuhr, dass Harald ihn aufgefordert hatte, ihm zum Beweis seiner Treue einen Mann seiner Familie zu schicken. Am Hof sollte er in die Gemeinschaft der Krieger aufgenommen werden. Kveldulf traute der Einladung nicht und sah Unheil voraus; Thorolf hingegen nahm sie auf der Stelle an, denn er ging davon aus, dass Haralds Anhänger ihr Glück machen konnten, während seinen Widersachern am Ende der Tod oder der Verlust ihres gesamten Besitzes beschieden sein würde.

Und tatsächlich war es zunächst eine gute Zeit, die der junge Thorolf im Dienst des Königs verbrachte. Er gewann einen Freund in Bard, einem anderen Gefolgsmann des Königs, der aus der Heimat Ottars, Halogaland, stammte. Bard hatte von seinem Vater die Herrschaft über das gebirgige Landesinnere sowie das Recht geerbt, mit den Lappen Handel zu treiben und Abgaben von ihnen zu nehmen; einen Teil dieser Abgaben gab er an den König weiter. Harald schätzte Bard sehr und hatte ihm an seiner Tafel einen Platz nur vier Sitze von sich entfernt zugewiesen. (Direkt neben Harald saß sein bevorzugter Gast, der oberste Hofdichter.) Bards Einfluss verschaffte Thorolf bald Zugang zu der Elite, die den engeren Kreis um Harald bildete. Doch auch Thorolfs gewinnendes Wesen hatte Anteil an seinem Erfolg.

Als Bard an Verletzungen starb, die er im Kampf für Harald erlitten hatte, und Thorolf sowohl sein Land als auch seine Handelsrechte mit den Lappen und darüber hinaus seine Ehefrau erbte, stieg der Sohn Kveldulfs weiter in der Gunst des Königs. Mit Haralds Einwilligung brach Thorolf nach Norden auf, um seinen Anspruch geltend zu machen. Doch die Hinterlassenschaft Bards erwies sich als zweifelhafter Segen, denn Thorolf erbte auch den Hass zweier Brüder, die einst von Bards Vater enterbt worden waren und nun, nach Bards Tod, die Chance sahen, das reiche Halogaland doch noch an sich zu reißen. Diese beiden suchten Harald auf und verleumdeten Thorolf, indem sie ihm Mordpläne gegen Harald unterstellten.

Thorolf und seine Freunde taten ihr Bestes, um die falschen Anschuldigungen zu entkräften, indem sie vor Harald die edelsten Biber- und Zobelfelle und überhaupt die gesamten Abgaben ausbreiteten, die Thorolf von den Finnas erhalten hatte. Die Verleumder aber behaupteten frech, für je drei Felle, die Thorolf abliefere, behalte er 30 für sich. Um Thorolfs Treue auf die Probe zu stellen, befahl Harald ihm, die Krieger, die er in Halogaland um sich versammelt hatte, dort zu lassen und als des Königs Gefolgsmann allein an den Hof zurückzukehren. Doch damit verlangte er zuviel; für Thorolf wie für jeden anderen ehrgeizigen Wikinger waren die Freien, die zu ihm gehörten, das Wertvollste, was er hat-

„Dort hatte Thorolf eine nicht weniger große Schar an Männern um sich und lebte mit nicht geringem Aufwand."

DER DRACHENTÖTER

Wie andere Helden zeichnete sich der Drachentöter Sigurd durch Mut und Hinterlist aus. Jung-Sigurd wurde von Regin, einem Schmied und Zauberer, überredet, den Schatz eines Drachens zu stehlen. Regin hatte für Sigurd ein Schwert geschmiedet, mit dem dieser den Drachen durchbohrte *(rechts)*. Als er danach, während Regin schlief, das Herz des Drachens am Feuer briet, verbrannte er sich den Daumen und steckte den Finger zum Kühlen in den Mund *(unten)*. Kaum hatte er das Blut des Drachens gekostet, da verstand er die Sprache der Vögel und hörte, dass Regin ihn zu betrügen plante. Sigurd schlug Regin den Kopf ab und nahm den Schatz an sich. Auf dem Gold des Drachen lastete ein Fluch, und es brachte Sigurd viel Leid. Dennoch liebten die Wikinger die Art, wie Sigurd Regin überlistete und als erster zuschlug.

te. „Meine Gefolgschaft werde ich nicht von mir lassen", schwor er.

Wütend entzog Harald ihm seine Rechte und übertrug Halogaland und die Handelserlaubnis mit den Lappen den beiden intriganten Brüdern. Thorolf seinerseits sammelte seine Leute und zog sich mit allem, was er besaß, in seine eigene Halle zurück, die in Sandnes am südlichen Ende von Halogaland lag. „Dort hatte Thorolf eine nicht weniger große Schar an Männern um sich", schrieb Snorri, „und lebte mit nicht geringem Aufwand."

Kurze Zeit später raubten Haralds Männer ein Handelsschiff, das Thorolf gehörte. Kveldulf riet seinem Sohn, es nicht darauf ankommen zu lassen, sich gegen Harald zu stellen. Er solle lieber das Land verlassen und einem ausländischen König seine Dienste anbieten, drängte er. Doch Thorolf bestand auf Rache, und er zahlte es Harald heim, indem er eins von dessen Schiffen plünderte und einige der Männer tötete, die bei dem Angriff auf sein eigenes Schiff dabei gewesen waren. „Es ist meine Ahnung, dass dieses unser Zusammentreffen das letzte ist", sagte Kveldulf mit grimmiger Resignation zu seinem Sohn, als er von dem Überfall erfuhr, den der König nicht unbeantwortet lassen konnte. „Es wäre gewiß natürlicher, wenn du länger lebtest als ich; aber ich denke, es wird auf andere Weise ausgehen."

Wenn es um Blutrache ging, kannten die Wikinger keine Gnade. Harald wollte Thorolf schnell beseitigen, und er sah keinen Grund, ihm eine Chance zur Gegenwehr zu geben. Folglich schlichen sich der König und seine Männer im Dunkel heran und umstellten die Halle Thorolfs in Sandnes. Ausgerechnet in dieser Nacht befanden sich die Wachen mit allen anderen im Hause, wo gemeinsam gefeiert und ge-

trunken wurde, so dass niemand Alarm geben konnte. Mitten im Gelage hörte man in der Halle durchdringendes Kriegsgeschrei, das sich wie das nächtliche Heulen der Wölfe anhörte, und unverzüglich eilten alle zu den Waffen.

Harald war großzügig und ließ Frauen, Kinder und alle anderen, die sich nicht verteidigen konnten, unversehrt. Doch als Thorolf mit seinen Kriegern herauskommen und dem Feind im offenen Kampf begegnen wollte, wusste Harald dies zu verhindern. „Man lege Feuer an die Halle“, befahl er. „Ich will mich nicht mit denen schlagen und meine Leute verlieren.“

Hinter der fest verriegelten Tür, inmitten des immer dichter werdenden Rauches, gelang es Thorolfs Männern, einen Balken aus der glimmenden Decke zu lösen und ihn gegen eine Ecke der Halle zu rammen, bis die Wand nachgab. Doch als sie ins Freie gelangten, standen sie dem zahlenmäßig weit überlegenen Feind gegenüber, gegen den sie keine Chance hatten. Aber es gab kein Zurück mehr, und so zogen sie es vor, kämpfend zu sterben. Thorolf stürzte sich auf den König und tötete dessen Bannerträger, bevor er zu Boden sank. Harald selbst versetzte ihm den Todesstoß. Dann ließ er den Kampf abblasen. „Hier wird nicht geplündert“, sagte er, „denn das alles ist mein Besitz.“ Dennoch empfand er den Sieg nicht als Gewinn. Die Stärke eines Königs beruhte auf dem Wert seiner Männer, und Thorolf war unersetzlich. „Ein solcher Mann ist ein großer Verlust“, sagte Harald.

Thorolfs Tod setzte keineswegs den Schlusspunkt in dieser blutigen Auseinandersetzung. Vielmehr zwang er genau den Mann zum Eingreifen, der die Gefährlichkeit einer Kampfansage an Harald vorausgesehen und sie zu verhindern versucht hatte: Kveldulf. Thorolfs Vater wusste wohl, dass sein Sohn mit seinem Stolz und seiner Unbedachtheit den Streit verschärft hatte, aber das änderte nichts an seiner tiefen Trauer um den gefallenen Sohn. Er fühlte, dass eine dunkle Macht die Geschicke seines Hauses bestimmte, und zog sich müde in sein Bett zurück, gerade so, als ob er niemals mehr die Kraft finden würde, seine Gestalt zu verändern und sich in rasende Wut zu steigern. Skallagrim, sein überlebender Sohn, konnte nicht mitansehen, wie sich sein Vater widerstandslos dem Kummer ergab, und beschwor ihn, nach uralter Tradition eine Bluttat mit einer anderen zu beantworten. „Es ist besser für uns, wenn wir Thorolfs Tod zu rächen versuchen“, drängte er den alten Mann.

Der Rachegedanke nistete sich tief in Kveldulfs bitterem Herzen ein und gab ihm allmählich wieder Kraft. Jemand musste für Thorolfs wertvolles Leben bezahlen und würde es auch, dachte er – wenn nicht in Form von Blut, dann doch von Geld. Wenn Harald einräume, dass er einen Fehler gemacht habe, indem er den Intriganten mehr Glauben geschenkt hatte als Thorolf, und wenn er sich bereit erkläre, Wehrgeld zu zahlen, dann könne die Fehde beendet werden. Kveldulf war zu schwach, um Harald diese Bedingungen selbst vorzutragen; deshalb schickte er Skallagrim auf die Reise an Haralds Hof. Doch Skallagrim misstraute dem König, und so nahm er als Begleitung elf der kräftigsten Männer mit, die er kannte – Einzelgänger, Hexensöhne und andere, die „etwas Unheimliches“ an sich hatten, wie Snorri zu berichten wusste.

Als sie Haralds Halle erreichten, meldete ein Wachmann dem König die Ankunft von einem Dutzend Männern –

Grabsteine, die den Umriss eines Schiffes bilden, dürften symbolisch als Transportmittel für die Seelen der Verstorbenen gedient haben, deren verbrannte Überreste man innerhalb der markierten Fläche fand. An anderen Wikingergräbern wurden Runensteine aufgestellt; der rechts abgebildete ist mit einer grimmigen Fratze dekoriert und einem Mann gewidmet, der fiel, „als Könige kämpften“.

wenn man sie als solche bezeichnen konnte, wie er hinzufügte, „denn ähnlicher sind sie den Riesen an Wuchs und Aussehen als menschlichen Männern".

Harald empfing Skallagrim mit unfreundlichen Worten und bot ihm an, sein Gefolgsmann zu werden. Hochmütig sagte er: „Mir könnte dein Dienst so gut gefallen, dass ich dir Bußgeld für deinen Bruder gewähr." Allerdings müsse er Skallagrim davor warnen, nicht dieselben Fehler zu begehen wie Thorolf, fügte er unverschämterweise hinzu. Es habe Thorolf nicht viel Glück gebracht, Harald zu dienen, erwiderte Skallagrim bitter, und er selbst sei noch viel weniger zum Dienen geeignet als sein Bruder. Wie also könne er erfolgreicher in einer Sache sein, in der sein hervorragender Bruder gescheitert sei?

Mit dieser Beleidigung ließ Skallagrim Harald stehen und kehrte in der Überzeugung nach Hause zurück, dass sein Vater und der König niemals zu einer Einigung gelangen könnten. So wie die Dinge lagen, waren sie Gesetzlose, und es blieb ihnen nichts anderes übrig, als Haralds Fehdehandschuh aufzunehmen oder Norwegen zu verlassen. Sie hatten von einem fernen, grünen Ort gehört, an dem die Feinde des Königs neuerdings Zuflucht fanden. Es war die unlängst entdeckte Insel Island, und dorthin wollten sie mit allen Mitgliedern der Sippe segeln. Dessenungeachtet sannen sie weiter auf Rache, und kurz vor dem Aufbruch erhielten sie vom Schicksal die langerhoffte Chance. Als sie ihre Schiffe für die weite Reise ins Ungewisse beluden, tauchte vor der Küste ein vertrautes Schiff auf – das Schiff, das Thorolf geraubt worden war. An Bord befanden sich zwei junge Passagiere, die König Harald sehr nahestanden. Es waren die Söhne seines inzwischen verstorbenen Onkels Guttorm; Harald hatte nach ihnen geschickt, um sie wie seine eigenen Kinder aufzuziehen.

In der folgenden Auseinandersetzung führte Skallagrim das Kommando über ein Langschiff, Kveldulf befehligte das andere. Als sie dem gegnerischen Ziel näher kamen und Vorbereitungen trafen, das Schiff zu entern, steigerte sich Kveldulf, der alte Mann, noch ein letztes Mal in rasende Kampfeswut. Er ergriff seine lange Bryntröll, eine Stoßwaffe mit einer scharfen Doppelaxt an der Spitze. Im gleichen Augenblick fühlte er, wie er sich verwandelte, und er kämpfte mit einer Raserei, in der nichts ihn aufhalten konnte. Er zielte auf Hallvard den Hartsegelnden, der die rechte Hand Haralds war, und schlug ihm die Klinge mit solcher Wucht auf den Kopf, dass sie den Helm spaltete und tief im Kopf des Gegners stecken blieb. Dann hob Kveldulf die Waffe mit einem einzigen machtvollen Ruck an, so schilderte es Snorri, „dass er Hallvard in die Luft schleuderte und über Bord warf".

Von Hallvards Männern überlebten nur wenige das Gemetzel. Viele sprangen über Bord und wurden von der See verschlungen. Zu denen, die ertranken, gehörten auch Guttorms unschuldige Söhne, der eine gerade zehn, der andere zwölf Jahre alt und „beide vielversprechende Knaben".

Als der Kampf vorüber war, ermattete Kveldulf – was Snorri erklären konnte. Gestaltveränderer und Berserker, so berichtete er, konnten alles, solange ihre Raserei anhielt. Aber wenn die Kraft sie verließ, dann waren sie schwach und hilflos. Kurze Zeit später stachen Kveldulf und Skallagrim in See, jeder mit seinen Gefolgsleuten und Verwandten. Doch von Tag zu Tag wurde der alte Mann hinfälliger; er starb, bevor sie das Ziel ihrer Reise erreicht hatten. Mit seinem letzten Atemzug verlangte er von seiner Familie, dass sie seine Leiche in einen Sarg betteten und ihn der See übergaben. Vielleicht würden die Wellen ihn zu dem Land ihrer Wünsche tragen, zu dem sie unterwegs waren. Wenn das geschehe, sollte Skallagrim „sich seine Wohnstätte nahe der Stelle nehmen, an der ich an Land gekommen bin", fügte er hinzu. Und so geschah es. Im Tode führte der Vater den Sohn in ein neues Land, wo er ein neues Leben anfangen konnte.

Snorri Sturluson hatte eine besondere Beziehung zu dieser Geschichte von Untergang und Neubeginn: Es war die seiner eigenen Familie. Skallagrim war der erste seiner Sippe gewesen, der von Norwegen nach Island kam, und sein Sohn, Egil Skallagrimsson, wurde ein berühmter Skalde und Abenteurer, dessen Andenken Snorri viele Generationen später veranlasste, die Geschichte seiner Ahnen aufzuschreiben.

Aber Snorri verfasste mehr als die Chronik einer einzelnen Familie. Das Lied von Kveldulf und seinen Söhnen war Teil einer umfassenderen Saga von seefahrenden Wikingern, die vom Schicksal getrieben oder auf der Suche nach dem Glück ihr Land verließen. Einige gingen auf Wikingerfahrt, und sie gelangten nach England und auf das europäische Festland, wo sie blieben und Wurzeln schlugen. Andere drangen bis ins Mittelmeer vor und segelten mit ihren Drachenschiffen die afrikanische Küste entlang. Doch wohin auch immer sie kamen – sie brachten ihre Hoffnungen und Befürchtungen, ihren Stolz und ihre Vorurteile, ihre Tugenden und Laster mit. Und wie mit Kveldulf gingen mit diesen rastlosen Wikingern unterwegs und in der Fremde Veränderungen vor – während sie ihrerseits die Welt veränderten.

GÖTTER UND RIESEN

Die nordischen Völker stellten sich die Welt als eine Scheibe mit drei Ebenen vor. In ihrem Mittelpunkt stand die Weltesche Yggdrasil, deren Wurzeln in alle drei Ebenen reichten: Asgard, die Burg und Wohnstatt der Götter, Midgard, die Welt der Menschen, und Niflheim, das eisige Totenreich. Ein Ozean umgab Midgard, und jenseits davon lag Jötunheim, das Gebiet der den Göttern und Menschen feindlichen Riesen.

Götter, Geister und Riesen waren ebenso streitbar wie die Menschen selbst, grimmige Gestalten mit Eigenschaften, die in der Welt der Wikinger höchsten Stellenwert hatten. Sie waren weise und mutig, fruchtbar und stark, aber auch verräterisch, habgierig, lüstern und gewalttätig. Die Mythen galten den Wikingern als Mahnungen für ihr eigenes Leben. Wer ihre Lehren befolgte, der durfte auf angemessenen Lohn im Diesseits wie im Jenseits hoffen.

Die Schnitzerei auf einem norwegischen Holzportal aus dem 11. Jahrhundert zeigt vermutlich die Weltesche Yggdrasil, mit vielen verschlungenen Ästen und Ranken.

ODIN, HERR DER GEFALLENEN

Nachdem Odin, der Allvater, geholfen hatte, die Erde, das Wasser, den Himmel und die Menschen zu erschaffen, begab er sich auf eine lange Suche nach Weisheit und Wissen, die ihn manches Opfer kostete. Für einen Trunk aus der Quelle der Weisheit, die die Wurzeln der Weltesche nährte, gab er eines seiner Augen her. Für die Fähigkeit, in die Zukunft zu sehen und über Unglück und Tod zu gebieten, erlernte er die Kunst der Zauberei. Um sich in den Besitz der Runenweisheit zu bringen und mit den Toten sprechen zu können, hängte er sich neun quälende Tage und Nächte an dem Weltenbaum Yggdrasil auf. Von den Riesen schließlich stahl er die Gabe der Dichtkunst – mit der er so eng assoziiert wurde, dass man seine Priester Sangesschmiede nannte.

Odin war der oberste der Asen, eines der zwei Göttergeschlechter im nordischen Pantheon. Seine treuesten Anhänger waren Könige und Skalden, jene Auserwählten, die seine mystische Seite bewunderten. Dessen ungeachtet wurde Odin als der Gott des Krieges von allen Wikingern um Hilfe angerufen, wenn es um ihr Leben ging. Die Kämpfer, die mutig fochten und fielen, nahm Odin in Walhall auf, in seiner Halle in Asgard. Dort erwartete sie ein lustvolles Leben: Sie zechten, hurten und kämpften, bis der Tag der Götterdämmerung, Ragnarök, kam. Dieser letzte Kampf gegen die entfesselten Mächte des Bösen, der das Ende der Welt bedeutete, war der Grund, weshalb Odin die Krieger in seine Halle geholt hatte. Dennoch sollte er im Ragnarök untergehen.

Das Relief auf einem schwedischen Bildstein des 9. Jahrhunderts zeigt Odin auf seinem achtbeinigen Ross Sleipnir, das den Gott zwischen den Reichen der Lebenden und der Toten hin und her trug.

Am Ende der Zeit erfüllt der Wolf Fenrir die Prophezeiung und verschlingt Odin. Einer der beiden Raben Odins krallt sich noch an der Schulter des Gottes fest.

In Tierfelle gehüllte Berserker *(unten),* die sich vor dem Kampf mit Stockschlägen in Raserei brachten, waren Odin ergeben und standen unter seinem Schutz. Die unvergleichlich wilden Krieger dienten als Söldner und Leibwachen.

„Ich weiß, dass ich hing
auf dem windigen Baum
durch neun ganze Nächte…
In die Tiefe spähte ich,
ich ergriff die Runen…"

Hüter des Lebens und des Todes

Wenn die Menschen des hohen Nordens ihre Felder bestellten und das Vieh versorgten, um für den nächsten harten Winter gerüstet zu sein, flehten sie Frey um Hilfe an, einen Gott aus dem Geschlecht der Wanen. Frey herrschte über den Sonnenschein, den Regen, die Ernten und die Fruchtbarkeit der Tiere und der Menschen. Sein weiblicher Gegenpart, seine Zwillingsschwester Freyja, war für die Leben spendende Liebe und Sexualität zuständig. Seltsamerweise war Freyja auch die Göttin des Krieges und des Todes, die die Hälfte der in der Schlacht gefallenen Krieger zu sich holte.

In der Welt der Wikinger waren nicht nur die Menschen todgeweiht, sondern auch die Götter; selbst Odin, der Kriegsgott und Herr der Gefallenen, war nicht in der Lage, die, die er liebte, vor dem Tod zu bewahren. Odin erfuhr von einer Wahrsagerin, dass sein Sohn Balder ums Leben kommen sollte. Seine Gemahlin Frigg glaubte, Balders Tod verhindern zu können, und ließ alles Lebende schwören, dass sie Balder kein Leid zufügen würden. Alle gaben ihr das Versprechen, nur eine junge Mistel nicht – Frigg hatte sie als zu klein und ungefährlich befunden und sie nicht angesprochen.

Von Balders Unverletzlichkeit überzeugt, ließen Odin und Frigg ein Spiel der Götter zu, in dem es um das eigentlich Unmögliche ging, Balder zu verwunden. Der verschlagene Loki jedoch, ein Nachkomme der Riesen, schnitzte aus einem Mistelzweig einen Speer und überredete Balders blinden Bruder, damit nach Balder zu werfen. Loki führte dem Blinden bei dem Wurf die Hand. Der Mistelspeer traf, durchbohrte Balder, und Odins Sohn sank tot zu Boden.

Kleine Skulpturen aus dem Schweden der Wikingerzeit zeigen Freyja *(links)* und Frey *(rechts)*, die Götter der Fruchtbarkeit, Zeugungskraft und des Überflusses. Bei der Hochzeit durfte es kein Paar versäumen, Frey ein Opfer darzubringen.

„Er [Frey] wird angerufen für reiche Ernten und für Frieden… Sie [Freyja] wird bei Herzensangelegenheiten angerufen…"

Loki erleidet einen grausamen Tod als Strafe dafür, dass er Balders Tod herbeiführte: Mit seinen eigenen Eingeweiden an einen Fels gefesselt, sitzt er unter einer Schlange, die brennendes Gift auf ihn tropfen lässt *(links)*. Mittlerweile wartet Balder *(unten)* im Reich der ruhmlosen Toten auf den Weltuntergang Ragnarök, um danach in einer neuen, friedlichen Welt wieder seinen Platz unter den Göttern einzunehmen.

THOR, HERR DES DONNERS

Lodernde Augen, rotes Haar: Thor, der Herr über Stürme und Unwetter, war wild anzusehen. Während er in seinem von Geißböcken gezogenen Streitwagen über den Himmel fuhr, erschütterten Blitz und Donner die Erde. Diesen schrecklichen Waffen zum Trotz galt Thor als Beschützer der Menschen und der Götter, und er kämpfte in allen Winkeln des Kosmos gegen deren Feinde. Zu diesen gehörten die Weltschlange, die wartend in den Tiefen des Ozeans lag, sowie die furchtbaren Riesen von Jötunheim, die Kräfte des Chaos.

Zu einem bezeichnenden Kampf zwischen Thor und einem Riesen kam es, als der Riese Hrungnir uneingeladen in der Burg Asgard auftauchte, während Thor im Osten weilte. Hrungnir sprach dem Met, den die Götter tranken, im Übermaß zu, und trunken brüstete er sich, er werde Asgard dem Erdboden gleich machen und alle Götter töten bis auf die schöne Freyja und Thors Gemahlin Sif, die er mit sich nehmen wollte. Die Götter riefen nach ihrem Beschützer – und mit blitzenden Augen und kampfbereit eilte Thor auf einem Westwind nach Hause. In dem folgenden Zweikampf nahm Hrungnir einen gewaltigen Schleifstein und schleuderte ihn gegen Thor; doch der Donnergott sah ihn kommen und warf ihm seinem Hammer Mjöllnir entgegen. Der Hammer zerschmetterte den Stein in tausend Stücke und traf danach Hrungnir am Kopf, so dass der Riese tot zu Boden sank.

Die Skandinavier betrachteten die Welt als einen Ort, an dem die Kräfte der Ordnung und des Chaos in einem ständigen Kampf miteinander lagen. Insbesondere Menschen, die von den Launen der Natur abhängig und der Willkür anderer ausgesetzt waren – wie Bauern, Schiffbauer und Handwerker –, fühlten sich von Thor als Wächter des Himmels und der Erde angezogen. Das einfache Volk wandte sich oft an den Donnergott mit der Bitte, sie vor den Besitzenden und Mächtigen, den Anhängern Odins, zu schützen. Denn in ihren Augen war Thor stark und aufrichtig, Odin dagegen eher schwach und unberechenbar. So überrascht es nicht, dass Thor von allen nordischen Göttern der beliebteste war.

Diese isländische Bronzefigur aus dem 10. Jahrhundert, nur fünf Zentimeter hoch, könnte ein Amulett gewesen sein. Sie stellt Thor dar, der seinen Hammer Mjöllnir umfasst.

„Thor ... ist Herr über die Luft, er beherrscht Donner und Blitz, Wind und Regen, Wetter und Ernte."

Thor hat die Weltschlange an der Angel, doch er zieht so heftig an der Leine, dass sein Fuß durch den Bootsboden stößt. Die Darstellung befindet sich auf einem Runenstein aus dem 11. Jahrhundert.

Thors Hammer war ein Symbol, unter dessen Schutz Hochzeiten und Bestattungen standen. Thorhammer-Amulette, oben in schlichter Form, sollten den Beistand des Gottes gewährleisten.

KAPITEL ZWEI

EUROPA IM GRIFF DER WIKINGER

Im 9. Jahrhundert fiel, wie es ein französischer Mönch ausdrückte, „ein endloser Strom von Wikingern" in Frankreich ein, der „Mord, Brand und Plünderungen" über die Bevölkerung brachte. Der Künstler des Mittelalters, der das Geschehen wiedergab *(links)*, nahm sich gewisse Freiheiten: Die zum Angriff an Deck angetretenen Krieger tragen Schilde und Kettenhemden aus der Zeit der Normannen, Franzosen nordischer Herkunft, die 1066 England erobert hatten.

Zu Hunderten kamen die langen Wikingerschiffe die Seine hinauf. Ihr Ziel war zunächst Paris, damals eine kleine, befestigte Stadt auf Île de la Cité in der Mitte des Flusses, und dann das dahinter liegende, fruchtbare Land. Nach christlicher Zeitrechnung schrieb man das Jahr des Herrn 885. Doch man hätte es den Gläubigen kaum verdenken können, wenn sie sich von ihrem Gott verlassen gefühlt hätten. Kein Zweifel, dass sie inständig darum beteten, von den heidnischen Wikingern, deren Überfälle auf Kirchen und Klöster gefürchtet waren, verschont zu bleiben. Unaufhaltsam und in beispielloser Zahl kamen sie immer näher, und als der Morgen des 24. November heraufdämmerte, mussten die Pariser feststellen, dass der Feind vor ihrem Stadttor stand. Nach Abbo de Fleury, einem französischen Mönch, der den Angriff rund ein Jahrhundert später beschrieb, bestand die anrückende Streitmacht aus 40 000 „wilden Feinden" auf mehr als 700 Schiffen, die die Seine „über mehr als zwei Meilen" flussabwärts schwarz färbten. Die Pariser, die an diesem Morgen von den Zinnen der Stadt Ausschau hielten, sahen kein Wasser, sondern nur einen dichten Wald aus Masten.

Wären die Wikinger wirklich, wie Abbo formulierte, „wilde Tiere" und entschlossen gewesen, „das Blut von Vätern, Söhnen und Müttern" zu vergießen, so hätten sie auf der Stelle angegriffen und kein Pardon

gekannt. Aber wie in so vielen anderen Kämpfen war den nordischen Invasoren auch dieses Mal daran gelegen, ihr Ziel möglichst ohne eigene Verluste oder unnötig viele Gefallene unter den Gegnern zu erreichen – lebende Gefangene hatten für die Wikinger schließlich weit größeren Wert als tote. Wie sich außerdem herausstellte, war die Stadt Paris für die Wikinger lediglich ein Mittel zum Zweck. Ihr wahres Interesse galt den Ortschaften und dem fruchtbaren Land weiter flussaufwärts, wo reiche Beute und Ernteerträge auf sie warteten, die sie über den Winter bringen sollten. Vielleicht würden sie sich dort niederlassen, wie es wikingische Invasoren auch anderswo taten. Aber zwei niedrige Brücken, die die Inselfestung mit dem rechten und dem linken Seineufer verbanden, versperrten ihnen den Weg. Diese von wehrhaften Türmen flankierten Brücken mussten unter Einsatz wikingischen Lebens gestürmt werden – es sei denn, man konnte die zahlenmäßig unterlegenen Pariser dazu bewegen, den Angreifern freie Durchfahrt zu gewähren.

Der Anführer der Wikingerstreitmacht war ein Däne namens Sigfred (oder Siegfried), und seine Krieger dürften in der Mehrzahl ebenfalls Dänen gewesen sein, allerdings ergänzt und verstärkt durch Abenteurer, die aus allen skandinavischen Ländern und von den Jahre zuvor besetzten Britischen Inseln kamen. Sigfred war offenbar ein Mann von Welt, der sich im christlichen Europa gut auskannte. In einem geschickten diplomatischen Schachzug suchte er Bischof Joscelin auf, das geistliche Oberhaupt von Paris, und drängte ihn, um seiner Schutzbefohlenen willen nachzugeben. „O Joscelin, hab Erbarmen mit dir und dem Sprengel, der dir anvertraut ist", beschwor er den Bischof. „Zu deinem eigenen Vorteil höre dir an, was ich zu sagen habe. Wir bitten uns lediglich aus, dass ihr uns an eurer Stadt vorbeifahren lasst; wir werden nicht Hand an sie legen."

Bischof Joscelin, der sich die Macht in Paris mit Graf Odo teilte, dem Herrn der umliegenden Provinz Neustria, machte Sigfred klar, dass die Pariser die heilige Pflicht hätten, sich dem Vorstoß der Wikinger in den Weg zu stellen. König Karl der Dicke, ein Nachfahre Karls des Großen, dessen mächtiges karolingisches Reich nach seinem Tod im Jahr 814 auseinander gebrochen war, hatte den Befehl gegeben, die Stadt und ihre Brücken zu verteidigen. Obwohl das von Karl regierte westfränkische Reich lediglich einen Teil

Die Normandie verdankt ihren Namen den nordischen Eroberern, die um das Jahr 800 begannen, Städte und Klöster an der felsigen Küste *(oben)* Frankreichs zu überfallen und später die Seine und andere Flüsse stromaufwärts ins Landesinnere vordrangen. 845 bedrohten Wikingerschiffe Paris, wie das Bild rechts aus dem 18. Jahrhundert zeigt. 885, als eine noch größere Wikingerstreitmacht Paris erneut belagerte, sah die Stadt kaum anders aus.

des heutigen Frankreichs und Italiens umfasste, behauptete der Bischof kühn gegenüber Sigfred, es erstrecke sich „kraft unseres Gottes, des Königs und Herrn der Mächtigen, fast über den ganzen Erdball … Das Reich kann nicht zulassen, dass es zerstört wird. Unsere Stadt muss es retten."

Sigfred solle sich doch einmal vorstellen, setzte Joscelin bittend hinzu, wie er sich fühlen würde, wenn er eine derartige Verantwortung trüge und sich kampflos ergäbe. „Mein Schwert wäre entehrt und meiner Führung unwürdig", antwortete Sigfred. „Dennoch muss ich euch bedeuten, dass unsere Kriegswerkzeuge, wenn ihr meiner Bitte nicht entsprecht, bei Morgengrauen vergiftete Pfeile gegen euch aussenden werden. Am Ende des Tages werdet ihr ausgehungert sein. So wird es sein, wir werden nicht nachlassen."

Am Morgen des nächsten Tages blickten die französischen Verteidiger, bei denen es sich nach Abbos Angaben um nicht mehr als „200 brave Kämpfer" handelte, von den Brückentürmen von Paris nervös auf eine große wikingische Streitmacht, die, mit Bogen, Speer und Wurfschlinge bewaffnet, zu Wasser und zu Lande auf die Stadt vorrückte. Dann sausten plötzlich Geschosse durch die Luft. „Steine krachten auf bemalte Schilde", schrieb Abbo. „Schilde knirschten, und Helme zerbarsten im Hagel der Pfeile." Die Angreifer drangen zu den Wehrtürmen vor und begannen, mit Eisenpiken Teile herauszuschlagen, mussten aber einen hohen Preis für ihre Kühnheit zahlen. Denn von oben regnete es siedendes Öl und brennendes Pech, das die Verteidiger über die Zinnen hinabgossen. Es setzte das Haar der Wikinger in Flammen und verbrannte ihre Haut, so daß sie sich schreiend in die Fluten der Seine stürzten. Die Pariser warfen alles, was irgendwie greifbar war,

Die Wikinger waren keineswegs immer so wild und ungepflegt, wie es die Überlieferung will. So zeigt diese Skulptur einen Wikinger mit sauber gestutztem Oberlippen- und Backenbart; auch das Haar unter dem traditionellen Spitzhelm mit Nasenschiene ist kurz geschnitten. Die Figur, hier mehrfach vergrößert wiedergegeben, ist aus Elchgehörn geschnitzt.

in den Kampf, auch ein großes Wagenrad, das mindestens ein halbes Dutzend Dänen unter sich begrub. Die erbittertsten Kämpfe fanden beim Wehrturm am Nordufer statt, den die Wikinger den „Ofen" nannten. Wie Abbo berichtete, wurden von dort viele Nordmänner blutüberströmt weggetragen. „Woher kommt ihr denn?" schluchzten die Frauen beim Ablick ihrer schwer verwundeten Männer. „Aus dem Ofen?" Wenig später starben die Krieger in den Armen der Frauen, die mit ihnen auf die gefahrvolle Expedition gegangen waren. Es war keineswegs üblich, dass Frauen ihre Männer auf Raubzügen begleiteten; die Tatsache, dass sie jetzt dabei waren, ließ darauf schließen, dass die Invasoren das Land einige Zeit, wenn nicht für immer, besetzen wollten.

Als der Tag endete, brannten Teile von Paris lichterloh, und der Himmel leuchtete blutrot, aber die Wehrtürme hatten dem Angriff standgehalten. Als die Wikinger die Verteidigung auch am zweiten Tag nicht durchbrechen konnten, zählten sie ihre Verluste und bildeten dann einen Belagerungsring. Zwei Monate später, im Januar 886, gingen Sigfreds Truppen erneut zum Angriff vor: Oberhalb der Stadt setzten sie drei Schiffe in Brand und ließen sie auf die Südbrücke zutreiben, doch ohne Erfolg. Verärgert mussten sie zusehen, wie die lodernden Rümpfe an der steinernen Hafenmauer verkohlten. Der Misserfolg gab den Parisern neuen Mut. In einer Prozession trugen sie die Knochen des Heiligen Germanicus, eines ehemaligen Bischofs von Paris, um die Festungsmauer, um die Kraft ihres Glaubens zu demonstrieren.

Anfang Februar jedoch führte die Seine Hochwasser, und die Südbrücke stürzte ein. Einige Wikinger nutzten die neu entstandene Lücke und passierten sie mit ihren Drachenschiffen. Andere blieben zurück, um die Pariser, unter denen Hunger und Krankheiten inzwischen einen furchtbaren Tribut forderten, weiter unter Druck zu setzen. Schießlich, fast ein Jahr nach dem Beginn der Belagerung, rückte der zögerliche König Karl an der Spitze einer Armee auf Paris vor, um die Stadt zu befreien. Doch statt die Nordmänner anzugreifen, einigte er sich mit ihnen auf einen Vertrag. Unter der Bedingung, dass Sigfred und seine Leute sich damit zufrieden gaben, die Plünderungen auf einen Winter zu beschränken und im folgenden Frühjahr wieder abzuziehen, gewährte er ihnen ungehinderten Durchlass – und erfüllte damit genau die Forderung, die Joscelin und seine Mitbürger den Wikingern so mannhaft verweigert hatten. Um den Vertrag zu besiegeln, versprach er den Wikingern 700 Pfund Silber als Abschiedsgeschenk.

Die Pariser waren empört über den Pakt und jubelten, als Karl abgesetzt und Graf Odo an seiner Statt zum König ernannt wurde. Für die Wikinger hingegen war der Amtswechsel ohne Bedeutung. Sie erhielten die versprochenen 700 Pfund Silber und zogen sich damit und mit weiterer

Beute verabredungsgemäß die Seine hinunter zur Küste zurück, wo sie vielversprechendere Siedlungsgebiete vorfanden.

Die Wikinger hatten guten Grund, die Expedition nicht als gescheitert, sondern als Erfolg zu betrachten, denn ihre Ziele waren wesentlich schlichter und weniger expansionistisch, als ihre Feinde glaubten. Sie hatten keineswegs die Absicht, Europa zu erobern oder die christliche Kultur zu vernichten. Was sie in Seehäfen und weiter flussauf trieb, war nicht so sehr die Lust am Blutvergießen. Vielmehr kamen sie als Freibeuter auf der Suche nach Besitz, und als Besitz betrachteten sie Gold, Silber und fruchtbares Land. Und um den Besitz ihrer Eroberungen zu sichern, waren sie bereit, mit ihren Feinden zu verhandeln, ja sogar sich ihnen anzupassen. Viele der Wikinger, die unter Anführern wie Sigfred marodierend durch Frankreich zogen, siedelten sich mit der Zeit an der unteren Seine und in umliegenden Gebieten an. Sie übernahmen französische Sitten und den christlichen Glauben – und wandelten sich von Nordmännern zu Normannen. Ihrer Herkunft getreu, blieben die assimilierten Wikinger ein kühnes, wehrhaftes Volk, doch Eroberungen sollten sie künftig im Namen Gottes und zum Ruhme ihrer Wahlheimat, der Normandie, machen.

Als die Leidenszeit des christlichen Europas begann und die Wikinger erstmals mit ihren Drachenschiffen auftauchten, schien es ganz und gar undenkbar, dass sie sich jemals mit ihren Gegnern versöhnen und den christlichen Glauben annehmen würden. Der erste belegte Wikingerüberfall auf ein Kloster fand 793 statt. Es war das Kloster Lindisfarne vor der Ostküste Englands, das verwüstet wurde. Der Überfall hinterließ so bittere Erinnerungen, dass der englische Mönch Simeon von Durham noch drei Jahrhunderte später, als er das Geschehen aufzeichnete, vor Empörung zitterte. „Die Heiden aus dem Norden kamen mit einer Flotte nach Britannien wie stechende Hornissen und verteilten sich nach allen Seiten wie reißende Wölfe", schrieb er. „Sie kamen zur Kirche

Auf diesem Bildstein von der Insel Gotland vor der schwedischen Küste sind behelmte Wikingerkrieger dargestellt, die Hosen tragen sowie mit runden Schilden und Schwertern bewaffnet sind. Bild- und Runensteine wurden aufgestellt, um die Taten von Helden und Göttern zu verherrlichen – in Bildern oder in Worten.

von Lindisfarne, machten alles dem Erdboden gleich mit grausigem Plündern, stampften über heilige Stätten mit unreinen Schritten, rissen die Altäre aus dem Boden und schleppten alle Schätze der heiligen Kirche davon. Manche Brüder töteten sie, andere führten sie in Fesseln fort, viele trieben sie ins Freie, nackt und mit Flüchen beladen, manche ertränkten sie im Meer."

Der schreckliche Raubzug war der erste einer Reihe ähnlicher Überfälle auf weitere exponierte Klöster und Abteien an den Küsten Englands und des Festlands. Die verheerenden Invasionen, die stets von See aus erfolgten – und die zu einer Zeit, da sich noch kaum ein Schiff weit von der Küste entfernte, etwas Übernatürliches hatten –, mussten die Opfer glauben machen, dass die Nordmänner eine satanische Macht waren, besessen von der Absicht, die Christen auszurotten und ihre heiligen Stätten zu entweihen. Der Kleriker und Gelehrte Alkuin, der am Hofe Karls des Großen tätig war, verurteilte die Angreifer als Heiden, „die auf den Leichen heiliger Männer in Gottes Tempeln herumtraten, als wären sie Dung in den Straßen".

In Wahrheit war das Christentum den Wikingern eigentlich kein besonderer Dorn im Auge, wie der Aufenthalt von mindestens einem christlichen Missionar zu Beginn des 8. Jahrhunderts in Dänemark beweist, oder die Tatsache, dass im 9. Jahrhundert der deutsche Mönch Ansgar sein langes Missionswerk in Skandinavien betreiben konnte, ohne zum Märtyrer zu werden. Die Wikinger, die Lindisfarne und andere Klöster an der Küste ausraubten, hatten es schlicht auf die dort

Die Wikinger vergruben ihre Schätze in der Erde; dieser wurde in Norwegen entdeckt. Er bestand unter anderem aus einer Halskette, die aus Glasperlen und wertvollen Objekten zusammengesetzt war, aus goldenen Arm- und Halsreifen, einer zarten, dreiblättrigen Brosche sowie Münzen aus dem fernen Arabien, von Goldschmieden zu Anhängern umgearbeitet.

gesammelten Schätze abgesehen, die goldenen Kruzifixe und die mit Edelsteinen besetzten Evangelienbücher. Diese Reichtümer reizten sie um so mehr, als die Mönche in den Klöstern Opfer waren, die es ihnen leicht machten. Von christlichen Skrupeln unbelastet, metzelten die Wikinger die heiligen Männer nieder, wenn sie sie nicht mit der übrigen Beute verschleppten und zu Sklaven machten.

Mit den Jahren wurden die Wikinger immer habgieriger und kühner. Hatten sich ihre Angriffe anfangs auf Inselklöster und Küstenorte beschränkt, so segelten sie Anfang des 9. Jahrhunderts auf ihren flachen Langschiffen in Flussmündungen und weiter die Flüsse hinauf. Am Ende gingen Wikingerhorden dazu über, an strategisch günstigen Orten zu überwintern, um die Saison der Raubzüge zu verlängern und von den Anwohnern Abgaben einzutreiben – Letztere ließen es sich einiges kosten, wenn sie Unheil von sich fern halten konnten. Einige der Wikinger entschlossen sich schließlich, für immer in den Regionen zu bleiben, in denen sie reiche Beute machten.

Obwohl sich die Wege der einzelnen skandinavischen Völker teilweise überschnitten, zog es sie doch in jeweils bestimmte Gebiete, und zwar sowohl aus geografischen als auch aus anderen Gründen. Die Norweger, für die Landeroberungen ebenso wichtig waren wie die materielle Ausbeute ihrer Wikingerfahrten, segelten westwärts zu den Shetland- und den Orkney-Inseln, dann weiter um die Nordspitze Schottlands herum zu den Hebriden und Irland, bevor sie Ende des 9. Jahrhunderts das ferne Island besiedelten. Die Schweden, die es vor allem auf Silber, Sklaven und andere Raubgüter abgesehen hatten, überquerten die Ostsee auf dem Weg nach Russland, um dann auf Flüssen tief in das Landesinnere vorzustoßen, wo sie raubten, Handel trieben und Festungen errichteten, von denen aus sie Teile des slawischen Hinterlandes kontrollierten. Die Dänen schließlich, von allen Wikingern am weitesten südlich zu Hause, konzentrierten sich auf die ergiebigsten Regionen – die

Auf die Schätze des Klosters Lindisfarne abgesehen hatten es diese Krieger, die drohend die Waffen erheben. Der Gedenkstein steht vor dem Kloster, an dessen Plünderung im Jahr 793 er erinnert.

fruchtbaren und florierenden Reiche beiderseits des Ärmelkanals. Allerdings hatten sie damit Länder ausgewählt, die eine relativ zahlreiche und durchaus wehrhafte Bevölkerung aufwiesen. Hier waren Raubzüge aussichtslos, wenn sie nicht – wie 885, als die Dänen nicht weit davon entfernt waren, Paris in Schutt und Asche zu legen – wie regelrechte Feldzüge geplant waren.

In den Jahrzehnten vor jener denkwürdigen Seine-Expedition wäre es den Dänen fast gelungen, ganz England zu erobern. Von 850 an verbrachten sie die Winter auf der Insel, und von 866 an zogen dänische Anführer wie Guthrum und Ivar der Knochenlose mit starken Truppen durch England, wo sie weite Landstriche unterwarfen und so ihre Ziele im Ausland verfolgten, während sich ihr dänisches Heimatland allmählich und unter großen Verlusten zu einer Nation entwickelte. Denn in Dänemark verhielt es sich nicht anders als in Norwegen. Die Vereinigung des Landes unter einem einzigen Monarchen zwang stolze und ehrgeizige Männer, sich entweder zu beugen oder sich anderswo nach Land umzusehen, das sie beherrschen konnten. Anführer wie Guthrum, die es in die Fremde zog, hatten keine Schwierigkeiten, Mitstreiter zu finden, denn in allen skandinavischen Ländern stieg die Zahl der Bevölkerung rapide an, und es gab keinen Mangel an ungebundenen jungen Männern, die für Land oder Beute zu jedem Abenteuer bereit waren.

Bei einigen Kriegszügen waren Frauen mit von der Partie, die aber nicht unbedingt aus den Ursprungsländern der Wikinger stammten. So zum Beispiel stellten Frauen nahezu ein Fünftel der Bewohner eines dänischen Militärlagers, das 873–874 in der Nähe der englischen Stadt Repton überwinterte. Wie eine Untersuchung der Skelette der in jenem Winter Verstorbenen ergab, handelte es sich jedoch mit hoher Wahrscheinlichkeit nicht um Skandinavierinnen, sondern um Angelsächsinnen. Die Tatsache, dass so viele Einheimische mit den Wikingern Verbindungen eingingen, zeigt, wie es um die Loyalität der Angelsachsen bestellt war. Noch gab es keine Instanz, die die angelsächsischen Kleinkönigreiche vereinte, und manche Einheimische fürchteten ihre Rivalen in den Nachbarreichen mehr als die Dänen.

Um im Landesinneren die Herrschaft an sich zu bringen, mussten die Dänen ihre Taktik umstellen. Sie zogen es zwar weiter vor, von See aus zu operieren, aber nun passten sie sich auch den Erfordernissen des Landkrieges an, indem sie zu Pferde die gut erhaltenen alten Römerstraßen entlang zogen. In der direkten Konfrontation mit Gegnern stiegen sie aus dem Sattel, um Mann

Geführt von Ivar dem Knochenlosen, nähern sich dänische Krieger 866 der englischen Südostküste. Die Illustration stammt aus einer englischen Chronik des 12. Jahrhunderts.

EIN GEFÜRCHTETER FEIND

Die Wikinger, die in England landeten, verbreiteten Angst und Schrecken, und dies galt insbesondere für einen schmächtigen Dänen namens Ivar der Knochenlose. Auch wenn sein Name es nicht vermuten lässt – Ivar war ein überaus gefürchteter Feind. Er perfektionierte seine räuberische Taktik in Irland, bevor er eine Horde von Kriegern anmusterte und gegen die Angelsachsen zu Felde zog, die durch Konflikte zwischen ihren Kleinkönigreichen geschwächt und offenbar reif für eine Eroberung waren.

Ivar gehörte zu einer Allianz wikingischer Häuptlinge, die von 865 an in England einfielen und, den Worten der *Angelsächsischen Chronik* zufolge, eine „große heidnische Armee" bildeten. Einige der überfallenen Könige versuchten, den Frieden mit Geld zu erkaufen, wie die Chronik weiter berichtet, aber die Dänen hielten sich nicht immer an ihre Zusagen, sondern fielen skrupellos über die Menschen her, von denen sie Geld genommen hatten.

Ivar und seinesgleichen beließen es nicht bei Plünderungen; sie nahmen auch Land in Besitz und vertrieben Herrscher vom Thron. 870 brachten sie König Edmund von Ost-Anglia *(rechts)* in ihre Gewalt und ermordeten ihn. Ein Jahr später fuhr Ivar nach Irland zurück und überließ es anderen, mit dem Widerstand fertig zu werden, den ihr brutales Vorgehen provoziert hatte. Letztendlich kam es zu einem Ausgleich zwischen Dänen und Angelsachsen, aber die Untaten, die Ivar und andere Invasoren begangen hatten, blieben bei englischen Chronisten noch lange unvergessen.

Edmund von Ost-Anglia, von Pfeilen durchbohrt, wendet den Blick gen Himmel. Er sei mit Stacheln gespickt gewesen wie ein Seeigel, hieß es.

Ein englischer Mönch versucht, einen Karren mit Reliquien vor den Dänen in Sicherheit zu bringen.

gegen Mann zu kämpfen. Nicht, dass sie allzu häufig auf größeren Widerstand gestoßen wären, denn dazu fehlte den Engländern nicht nur die politische Einheit, sondern vor allem ein gemeinsames Heer. Aber wenn es zum Kampf kam, ging es auf beiden Seiten grausam zu. 869 machten die Dänen Edmund, den König von Ost-Anglia, zum Märtyrer, indem sie ihn an einen Baum banden und mit einem Pfeilhagel durchbohrten. Umgekehrt zogen englische Bauern gefangen genommenen Dänen die Haut vom Leib und hängten sie als Trophäen an ein Kirchentor.

Alfred der Große von Wessex war es, der den schwelenden Hass auf die Wikinger schließlich in Widerstand ummünzte – übrigens derselbe Alfred, der später den norwegischen Händler Ottar an seinem Hof willkommen hieß. Alfred, ein kluger Mann, hatte Erfolg, den er aber nicht nur seiner militärischen Stärke, sondern vor allem auch seinem Verhandlungsgeschick verdankte. Nicht wenige Kleinkönige erkauften sich von den Dänen einen zweifelhaften Frieden, indem sie zustimmten, ihnen hohe Tribute, das so genannte Danegeld oder Dänengeld, zu zahlen. Dies hatte zur Folge, dass die Bevölkerung, die das Geld erwirtschaften musste, unmäßig unter der Last der Abgaben litt und zukünftigen Attacken um so demoralisierter und hilfloser entgegensah. Alfred weigerte sich, Zugeständnisse irgendeiner Art zu machen, und ließ sich von seiner Weigerung auch dadurch nicht abbringen, dass im Jahr 878 ein dänisches Heer unter Guthrum sein Reich überrannte. Statt dessen mobilisierte er seine Anhänger und verfolgte die Angreifer, bis sie einem Vertrag zustimmten, der ihm die Herrschaft in seinem Stammland Wessex und dem angrenzenden Mercia zusicherte.

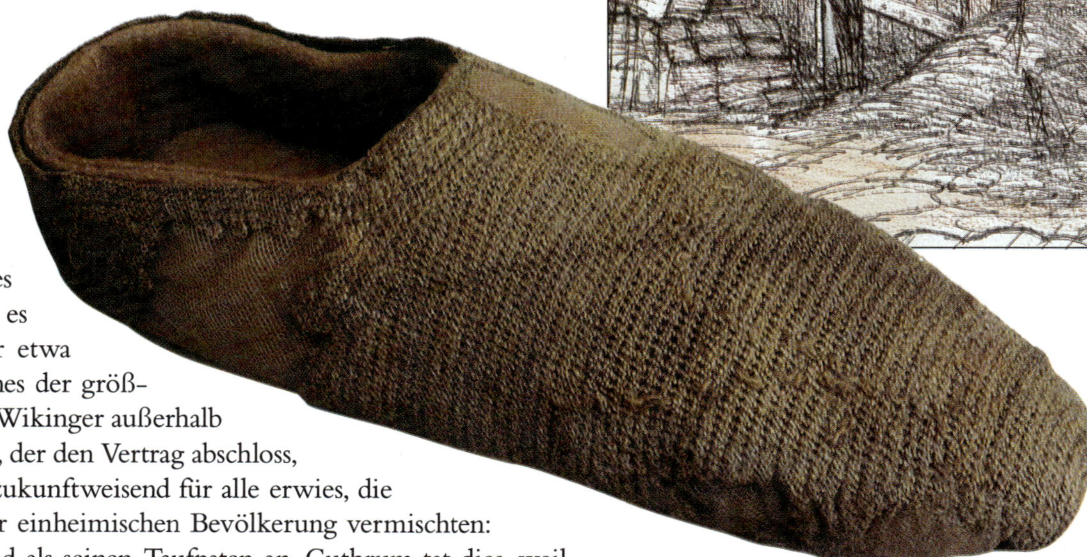

Bei der Abmachung gingen Guthrum und seine Männer nicht leer aus. Gemäß den Klauseln des Vertrages behielten sie nämlich die Kontrolle über ein großes Gebiet, das nördlich und östlich einer Linie lag, die England von der Themsemündung bis zur Irischen See in zwei Teile teilte. Dieses Gebiet erhielt den Namen Danelag, da es dänischer Oberhoheit unterlag; es war etwa 25 000 Quadratkilometer groß und eines der größten und fruchtbarsten Gebiete, in dem Wikinger außerhalb Skandinaviens siedelten. Guthrum aber, der den Vertrag abschloss, machte ein Zugeständnis, das sich als zukunftweisend für alle erwies, die in das Danelag zogen und sich mit der einheimischen Bevölkerung vermischten: Er ließ sich taufen und erkannte Alfred als seinen Taufpaten an. Guthrum tat dies, weil der Vertrag mit Alfred es so vorsah. Tief im Herzen dagegen blieb er wahrscheinlich ein Heide, der Odin und die anderen Götter des wikingischen Pantheons verehrte. Aber sein Übertritt zum christlichen Glauben nahm voraus, was in der Folgezeit Wirklichkeit werden sollte: dass die Wikinger und ihre Nachkommen treue Mitglieder der christlichen Welt werden würden, die sie zuvor geplündert und entweiht hatten.

DAS YORK DER WIKINGER

Nachdem die Dänen die englische Stadt York besetzt hatten, bauten sie sie in eine wikingische Siedlung um, die sie Jorvik nannten *(oben)*. Es entstanden Holzhäuser mit reetgedeckten Dächern und Plankenwege, die zu den Anlegern am Fluss führten. Jorvik entwickelte sich zu einem wichtigen Handelsort. In den Häusern, die aus einem einzigen, halbdunklen Raum bestanden, stellten Handwerker ihre Waren her: Holzbecher und Schalen, Bernstein-, Silber- und Goldschmuck sowie Kleidung aus Wollstoff. Die Wollsocke links entstammt der Werkstatt eines Jorviker Webers.

Während die Dänen in England um die Vorherrschaft kämpften, waren die Norweger in Irland und Schottland in kriegerische Auseinandersetzungen mit den Gälen oder Kelten verwickelt, die ihnen erbitterten Widerstand entgegensetzten. Die verschiedensten Legenden halten die Erinnerung an diese Konflikte wach, allerdings in verschlüsselter Form, was nicht überraschend ist. Beide Seiten neigten nämlich dazu, historische Ereignisse zu phantasievollen Geschichten zu verarbeiten. Eine irische Heldensage berichtet von einem grausamen norwegischen Anführer namens Turgeis oder Thorgils, der um das Jahr 840 mit 10 000 Mann, die auf über 100 Langschiffe verteilt waren, die Provinz Ulster überfiel und das reiche Kloster St. Patrick von Armagh verwüstete. Thorgils richtete an Ort und Stelle ein heidnisches Heiligtum ein, dem er als Hohepriester vorstand, unterstützt von seiner Ehefrau Ota oder Aud, die über magische Kräfte verfügte und mit Zaubersprüchen und Verwünschungen umzugehen verstand.

Thorgils und seine Männer begnügten sich nicht damit, die geheiligten Stätten zu entweihen. Der Legende zufolge nutzten sie die christlichen Altäre für ihren heidnischen Kult, und es gelang ihnen sogar, eine aufrührerische und skrupellose Splittergruppe, die Gall-Gaedhil oder Fremd-Iren, auf ihre Seite zu ziehen. Diese sagten sich vom Christentum los und vollzogen mit ihnen die heidnischen Rituale. Vielleicht wäre das ganze Land dem unheilvollen Wirken Thorgils erlegen, wenn nicht ein irischer Monarch, der König von Meath, schließlich zu einer List gegriffen und seine Tochter mit 15 als Jungfrauen verkleideten Kriegern entsandt hätte, die Thorgils liebeshungrige Männer zu einem Stelldichein an einen See lockten. Dort wurden die Norweger aus dem Hinterhalt überwältigt und ertränkt.

Wundersam, wie diese Geschichte ist, enthielt sie doch einen wahren Kern. Zwar war es keineswegs üblich, dass die Wikinger besiegten Völkern ihren Kult aufzwangen. Aber wohin auch immer sie kamen, nach Irland, Schottland und anderswo, überall gab es Gruppen wie die Fremd-Iren, die nur allzu bereit waren, mit den Eindringlingen Handel zu treiben und eheliche Verbindungen einzugehen – und die sich in ihrem Innersten von den heidnischen Ritualen stärker angezogen fühlten als von den christlichen Sakramenten. Umgekehrt gab es auch viele von der Art des Königs von Meath, die die Wikinger verachteten und jede List anwendeten, um sie loszuwerden.

Fest steht auf jeden Fall, dass Irland im 9. Jahrhundert ein heiß umkämpftes Land war. Nicht lange nachdem die Norweger dort in großer Zahl eingefallen waren und Dublin als militärischen Stützpunkt und Handelsstadt gegründet hatten, erschienen die Dänen auf der Bildfläche und versuchten, ihren nordischen Verwandten die Herrschaft streitig zu machen. 835 wurde der Kampf, zumindest vorübergehend, entschieden, als ein norwegischer Anführer namens Olaf mit einer großen Flotte in Irland landete und die Dänen aus dem Land jagte. Olaf und seine Männer blieben in Dublin, um von dort aus Kriegszüge gegen die aufbegehrenden Iren zu unternehmen und Schottland in abhängige Kleinkönigreiche aufzuteilen. Doch der Widerstand der einheimischen Bevölkerung blieb ungebrochen. Am Ende hatten sich die nordischen Eindringlinge, soweit sie nicht des Landes vertrieben worden waren, vollständig assimiliert, und Irland und Schottland gelangten wieder unter heimische Herrschaft. Nur auf kargen, unfruchtbaren Inseln wie den Orkneys und im abgelegenen Island konnten die Norweger dauerhafte Kolonien errichten.

Immer wenn es um dramatische Ereignisse in der norwegischen Geschichte ging, nahmen sich isländische Sagadichter ihrer an. So geschah es auch mit den wechselvollen Eroberungszügen der Wikinger nach Irland und Schottland. Nach ihren Aussagen setzte eine Frau den Schlusspunkt unter dieses Kapitel der Auslandsfahrten ihres Volkes, eine bemerkenswerte Frau. Ihr Name war Unn die Grundgescheite, und sie war beherzt genug, den Reichtum, den sie geerbt hatte, nicht nur zu verteidigen, sondern auch zu mehren. Ihr Vater, Ketil Flachnase, war einer der norwegischen Häuptlinge, die im 9. Jahrhundert dem Machtstreben Harald Schönhaars weichen mussten. Da sich Ketil standhaft weigerte, sich Harald zu unterwerfen, blieben ihm und seinen Leuten nur zwei Wege offen, nämlich „das Land zu fliehen oder uns erschlagen zu lassen, jeder auf seinem Platz“. Ketil beschloss, „nach Westen übers Meer“ nach Schottland zu fahren, wie es in der Saga heißt. „Weitumher waren ihm drüben die Gegenden bekannt, da er dort überallhin auf Raubzügen gekommen war.“

Unn lebte bereits in Irland, als ihr Vater auswanderte, denn sie hatte einen kriegerischen Wikinger namens Olaf den Weißen geheiratet und war ihm auf die Insel gefolgt, wo er angeblich „Dublin eroberte und die Region, die von Dublin abhängig war“, woraufhin er „dort König wurde“. (Interessanterweise stimmen viele der Taten, die ihm zugeschrieben wurden, mit denen des in irischen Berichten beschriebenen Olafs überein, der die Dänen aus

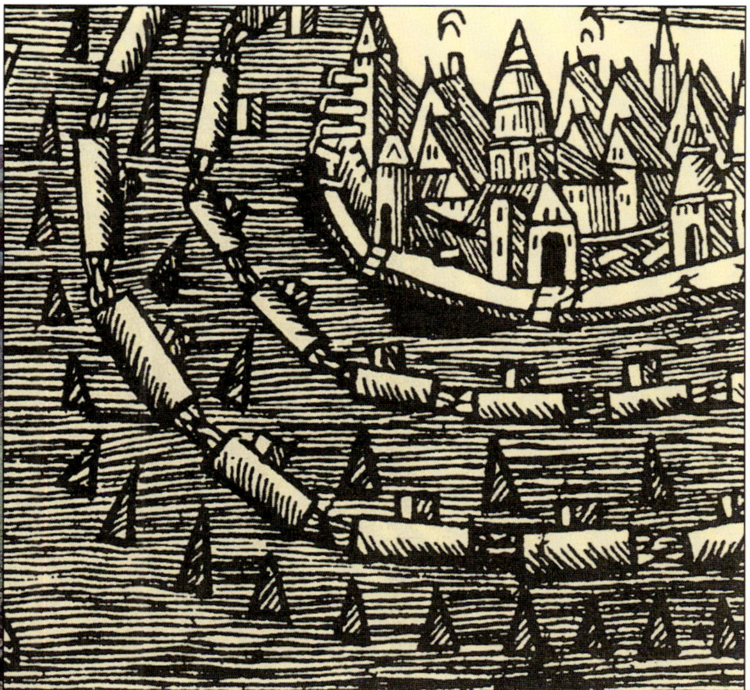

WIKINGER-WEHRSIEDLUNGEN

Zwar waren die Wikinger vor allem als Aggressoren bekannt, aber sie wussten sich auch zu verteidigen, zu Hause ebenso wie im Ausland. Ende des 10. Jahrhunderts ließ der dänische König Harald Blauzahn vier nahezu identische Heerlager zum Schutz der Truppen errichten, die die Aufgabe hatten, in seinem Namen für Ordnung zu sorgen und von einer ihm feindlich gesinnten Bevölkerung Steuern einzutreiben. Wie die Luftaufnahme der Festung bei Fyrkat auf der Halbinsel Jütland *(links)* zeigt, waren die von einem hohen Wall umgebenen Stützpunkte in vier Viertel aufgeteilt. In jedem Viertel standen vier zu einem Quadrat angeordnete Langhäuser, in denen die Wohnräume für die Männer und ihre Familien sowie Werkstätten, Ställe und Lagerräume untergebracht waren.

In den Küstenstädten hatten die Wikinger ebenfalls Angriffe zu erwarten. Dort schützten sie sich unter anderem durch Barrieren aus schwimmenden Balken und spitzen Holzpfählen, wie oben in einem skandinavischen Geschichtswerk des 16. Jahrhunderts dargestellt.

dem Land trieb.) Als Olaf der Weiße schließlich im Kampf gegen die Iren fiel, nahm Unn ihren Sohn, Thorstein den Roten, und segelte mit ihm zu den Hebriden, wo ihr Vater inzwischen Zuflucht gefunden hatte. Als Thorstein herangewachsen war, sammelte er Anhänger und ging auf Wikingerfahrten, die ihn an die verschiedensten Orte und nach Schottland führten, wo er ein Königreich eroberte. Unn folgte ihm und residierte in seiner Langhalle in Caithnes, hoch im Norden des Landes. Doch dann traf ihren Sohn dasselbe Schicksal wie ihren Ehemann – Unn musste zusehen, wie er von meuchlerischer Hand ermordet wurde, dahingemetzelt von Einheimischen, die angeblich loyal zu ihm standen.

Thorsteins Tod ließ Unn schutzlos in einem gefährlichen Umfeld zurück, aber sie hatte das unbeugsame Herz einer echten Wikingerin. In Caithnes von feindlichen Schotten umzingelt, schickte sie Männer in den Wald, die heimlich ein Schiff bauen sollten. Die Männer machten sich eilig ans Werk, und als sie fertig waren, schleppten sie das Boot an einen Kiesstrand, wo sie es mit großer Hast beluden. Tatsächlich gelang es Unn, mit all ihrem Reichtum das Land zu verlassen. Doch das Wichtigste, was sie in der Nacht, in der sie ablegten, mit an Bord nahm, waren ihre Enkelkinder, in deren Augen noch die Tränen um den erschlagenen Vater standen. Die letzten, die an Bord kletterten, war 20 Wikingerkrieger, treue Anhänger der Frau, die von jetzt an die Geschicke der Sippe bestimmte. Vor ihnen lag eine weite Reise, die Unn und ihre Begleiter von Caithnes zu den Orkney-Inseln und von dort zu den Färöer-Inseln und weiter nach Island führte, wo sie schließlich eine neue Heimat fanden – und wo Unn die Heldin einer unvergänglichen Saga wurde.

„Die Leute wissen kaum ein anderes Beispiel dafür zu finden, dass eine Frau aus solcher Kriegswirrnis mit gleich großem Reichtum und Gefolge entronnen sei", so meinte bewundernd der Verfasser der Saga. „Daran kann man schon sehen, dass sie hoch über andere Frauen herausragte."

Den expansionsfreudigen Norwegern reichte es nicht, die Geschichte ihrer Fahrten zu den Inseln des Nordatlantiks der Nachwelt zu überliefern, sondern sie behaupteten auch, die Normandie erobert zu haben, die zu weiten Teilen von den Dänen besetzt war. Nach Snorri Sturlusons *Heimskringla*, dem „Königsbuch", in dem er Leben und Taten von Harald Schönhaar und anderen norwegischen Königen aufgezeichnet hat, stammte der Wikinger und

Dieser Bildstein aus Gotland zeigt eine Walküre, die einen berittenen Wikinger bei der Ankunft in Walhall mit einem Trinkhorn empfängt. Die Wikinger entdeckten das Pferd als Reittier, als sie bei ihren Raubzügen immer tiefer ins Innere des europäischen Kontinents vordrangen.

Gründer der Normandie, Rollo, aus Norwegen, wo er den Namen Rolf und den Beinamen „Gang" trug, weil „er von so gewaltigem Wuchs war, dass ihn kein Ross tragen konnte, und so ging er stets zu Fuß". Wie dieser schwergewichtige Norweger zum Anführer einer vorwiegend dänischen Truppe wurde, die die Normandie einnahm, ist nirgendwo beschrieben, aber nicht gänzlich unglaubhaft. Obwohl die Wikinger unterschiedlicher Herkunftsländer sich manchmal eroberte Gebiete streitig machten, wie es zum Beispiel in Irland der Fall war, waren sie, was die Sprache und die Kultur betraf, ein Volk, und es kam durchaus vor, dass Anführer aus einem Land Anhänger aus anderen Ländern um sich versammelten.

Gang-Rolf war der Sohn von Rögnvald, einem norwegischen Jarl, der sich, im Gegensatz zu Unns Vater Ketil, Harald Schönhaar unterworfen hatte und zu einem der loyalsten und engsten Vertrauten des Königs aufgestiegen war. In den Augen König Haralds war Rögnvald ein untadeliger Mann, doch die Gunst, die er dem Vater gewährte, versagte er dem Sohn. Harald hatte einen Befehl erlassen, dem zufolge für Plünderungen innerhalb der Grenzen des Landes „schweres Bann-Verbot" bestand. Das Verbot traf Rolf hart, denn er konnte seine Raublust ebenso wenig beherrschen, wie er ein Pferd zu reiten vermochte. Nachdem er sich eine Weile marodierend in fremden Ländern herumgetrieben hatte, kehrte er nach Norwegen zurück, wo er umgehend an einen alten Brauch der Skandinavier anknüpfte und seine Ankunft mit einem sogenannten Strandhögg feierte – einem Raubzug, bei dem er seine Landsleute an der Küste überfiel und ausraubte.

Mag sein, dass Rolf das Plündern als sein gutes Recht betrachtete, aber Harald kannte keinen Pardon. Wie das Gesetz es verlangte, berief er eine Versammlung ein und erklärte Rolf zum Geächteten, wie Snorri berichtete. Rolfs Mutter beschwor den König, ihrem Sohn zu vergeben, wobei sie die Befürchtung äußerte, er werde, so man ihn wie einen wilden Wolf behandelte und in die rauen Wälder trieb, die Kühnheit besitzen, des Königs bestes Wild zu rauben. Rolf selbst hingegen beschloss, es nicht auf eine blutige Auseinandersetzung mit dem König ankommen zu lassen. Er machte sich davon, um fern von Harald nach Herzenslust zu morden und zu räubern. So kam er schließlich auch nach Frankreich, wo er dem Vernehmen nach plündernd umherzog; er „eroberte ein mächtiges Jarlsreich und siedelte dort viele Normannen an. Daher heißt das Land Normandie."

Rolf, den kriegerischen Wikinger, kannten die Franzosen unter dem Namen Rollo, und was immer er bis dahin getan hatte, fortan spielte er eine entscheidende Rolle in der europäischen Geschichte. Im Jahr 911 kam Karl der Einfältige, der König der Westfranken, zu der Einsicht, dass sich die Nordmänner an der Küste Frankreichs so fest verschanzt hatten, dass es keinen Sinn machte, sie weiter zu bekämpfen. Er schloss einen Vertrag mit ihrem Anführer, in dem er ihm die Normandie als Lehen überließ. Im Gegenzug versprach Rollo, den christlichen Glauben anzunehmen. Außerdem leistete er den Treueeid, mit dem er sich gegenüber dem französischen König verpflichtete, sein Reich gegen zukünftige Wikingereinfälle zu verteidigen. Rollo besiegelte den Handel, indem er eine französische Adlige zur Frau nahm.

Viele Wikinger, die sich in der Normandie niederließen, nahmen sich ein Beispiel an ihrem Herrn, indem sie französische Frauen heirateten und sich taufen ließen. Nicht wenige gingen wohl noch einen Schritt weiter und machten es den Dänen in England nach, die neben der inneren Reinheit zunehmend auch auf äußere Reinheit achteten. Angeblich sollen die Dänen jeden Samstag gebadet und regelmäßig ihre Unterwäsche gewechselt haben, um bei den englischen Frauen Gefallen zu finden. Nach und nach gingen im Lauf der Zeit in der Normandie die nordischen Sitten und Gebräuche unter, und auch die nordische Sprache starb allmählich aus. Ein Enkel Rollos musste die Sprache seiner Vorväter schon im Ausland erlernen, da sie in der normannischen Hauptstadt Rouen nicht mehr zu hören war. Spätere normannische Herrscher machten sich keine Gedanken mehr um ihre wikingische Herkunft und erachteten es als überflüssig, neben der französischen noch eine andere Sprache zu beherrschen.

Während die Dänen und die Norweger prägenden Einfluss auf die Geschichte Westeuropas ausübten, verfolgten die Schweden ihre Interessen im Osten Europas. Wie üblich, verstanden

Diese edle, mit Einlegearbeiten in Silber und Kupfer verzierte Trense fand man im Grab eines wohlhabenden Wikingers, der sich seiner Reitkunst rühmte.

sie unter ihren Interessen Raub- und Handelszüge, die sie von der Ostseeküste bis hinunter zum Schwarzen Meer und an die Tore Konstantinopels führten. Von den Slawen wurden die Wikinger Rus genannt – so erhielt Russland seinen Namen. Von Russland aus bauten sie Beziehungen nicht nur zum Byzantinischen Reich, sondern bis weit in die arabische Welt hinein auf. Überhaupt war es vor allem das arabische Silber, um dessentwillen die Schweden tief nach Russland vordrangen und das ihre Heimat reich machte. Dem Silber verdankte der Ort Birka, unweit der heutigen Hauptstadt Stockholm gelegen, seinen Aufstieg zu einer wohlhabenden Handels- und Handwerkerstadt.

Die Schweden waren nicht die einzigen Wikinger, die die Erträge aus Eroberungen und Plünderungen durch Handelsgewinne mehrten. In Irland zum Beispiel taten die Norweger, nachdem sie die Küstenorte Dublin und Cork als Festungen gegründet hatten, ihr Bestes, um die einheimische Bevölkerung in die Städte zu holen, damit sie sich hier mit Handelswaren versorgte, die wikingische Schiffe aus dem Ausland herantransportierten. Ähnlich verhielten sich die Dänen, die York in England und Rouen in der Normandie besetzten, um beide Städte wenig später für den Handel zu öffnen. Der Erfolg der Wikinger im Ausland hatte auch Rückwirkungen auf ihre Heimatländer, wo Handel und Handwerk einen beträchtlichen Aufschwung nahmen. Nicht nur Birka in Schweden, sondern auch die norwegische Handelsstadt Kaupang und der dänische Handelsplatz Haithabu wuchsen und gediehen parallel zu den im 9. Jahrhundert immer weiter reichenden Aktivitäten der Wikinger.

Täglich kamen in diesen Hafenstädten mit Beute und Sklaven beladene Schiffe an, die ihre wertvolle Fracht löschten, um für die Rückfahrt skandinavische Waren an Bord zu nehmen, die – wie Pelze und Walross-Elfenbein – im Ausland reißenden Absatz fanden. Und wo der Handel blühte, siedelten sich Handwerker an, die Rohstoffe verarbeiteten und Artikel herstellten, für die sowohl die Wikinger als auch ihre überseeischen Kunden hohe Preise zu zahlen bereit waren. Insbesondere Haithabu profitierte vom Handel und Handwerk. Eine hohe Palisade schützte die Stadt, in der sich Beutegüter anhäuften, davor, ihrerseits geplündert zu werden. Hinter dem Wall lagen schmale, bohlengedeckte Straßen, gesäumt von kleinen, fensterlosen Werkstätten; unter geschickten wikingischen Händen entstanden hier Hornkämme, Glasperlen, Stoffe, Töpferwaren, Schwertgriffe und Geschmeide. Auf dem Höhepunkt seiner Blüte im 10. Jahrhundert war Haithabu eine Stadt, wie es sie kosmopolitischer im damaligen Europa kaum gab; der Lärm von den offenen Marktständen und das melodische Gemisch der vielen Sprachen in den Gassen müssen für Besucher mindestens so aufregend gewesen sein wie das Angebot an Waren.

An Reichtum übertroffen wurde Haithabu noch von Birka, legt man die Mengen arabischen Silbers zugrunde, das die Händler dort horteten und ihren auf dem Friedhof bestatteten Toten mit auf den Weg ins Jenseits gaben. Der offizielle Wert der Münzen, die durch ihre Hände gingen, hatte für die Händler von Birka geringe Bedeutung. Sie

Wikingische Kaufleute benutzten eine Waage und Eisengewichte *(ganz links)*, um Gold und Silber, das als Zahlungsmittel diente, abzuwiegen. Wenn nötig gaben sie zerkleinerte Münzen dazu, das so genannte Hacksilber.

maßen den Wert des Geldes in Gewicht und hackten Münzen und Schmuck in kleine Stücke, um korrekt bezahlen zu können. Kunsthandwerker in Birka sorgten dafür, dass Männer ihren Erfolg zur Schau tragen konnten: Sie brauchten nur für sich und ihre Frauen Arm- und Halsreife zu bestellen und sie mit Münzen, Kristallen, Edelsteinen und anderen Kostbarkeiten aus den Ländern besetzen zu lassen, durch die die Routen der Wikinger führten. Eine weitere Ware, die in Birka zu haben war, waren Sklaven aus Russland, verschleppte Männer und Frauen, die in so großer Zahl angeboten wurden, dass die Worte Slawe und Sklave zu Synonymen wurden (obwohl die Wikinger Gefangene aus vielen Ländern in die Sklaverei führten). Die Schweden verkauften einen Großteil der Slawen, die sie verschleppten, für Silber direkt an arabische Händler, aber es blieben immer noch genügend für die heimatlichen Märkte übrig, wo sie von Bauern erworben wurden, die Knechte für die Landarbeit oder Mägde für die Hausarbeit brauchten.

Birka und seine Besucher standen unter dem Schutz des schwedischen Königs. Er bestimmte einen Vertreter, der das Thing leitete und dafür sorgte, dass Ausländer nach demselben Gesetz behandelt wurden wie die einheimische Bevölkerung. So zum Beispiel musste ein Schwede, der einen Dänen oder Deutschen erschlug, mit derselben Strafe rechnen, die er für den Mord an einem Landsmann zu erwarten hatte. Der König bestand auf der Gleichbehandlung, weil ihm sehr daran gelegen war, dass sich ausländische Händler in Birka wie zu Hause fühlten – verständlicherweise, denn schließlich stand ihm als König und Schutzherrn die erste Wahl bei allen Waren zu, die in Birka ankamen, und er nahm sie wahr, um seinen Haushalt und sein Gefolge prunkvoll auszustatten.

Die Mitternachtssonne überstrahlt den Mond und die Sterne über einem skandinavischen Markt. Vor einem Verkaufsstand *(rechts)* hängen Pelze. Links tauscht ein Händler edles Glas gegen Fische.

In Birka mag es verhältnismäßig zivilisiert zugegangen sein, aber das Silber und die anderen Kostbarkeiten, die in den Schatzkammern der Stadt lagerten, entstammten schwedischen Raubzügen, die lang, hart und brutal waren. Es gab zwei Hauptrouten, die durch Russland nach Süden führten. Die eine folgte dem Dnjepr bis zum Schwarzen Meer, an dessen jenseitigem Ufer Konstantinopel lag; die andere zog sich die Wolga entlang zum Kaspischen Meer, dem Tor zur arabischen Welt. Doch bevor die Schweden die Oberläufe von Dnjepr und Wolga in Zentralrussland erreichten, mussten sie die Ostsee überqueren und dann die mühsame Reise ins Inland antreten, die teils auf Flüssen, teils auf dem Landweg zurückgelegt wurde. Die Boote, die sie für diese Reise benutzten, waren wesentlich kleiner als die Langschiffe, mit denen sie sonst unterwegs waren. Zeitgenössische Berichte beschrieben sie als Ruderboote, „die aus einem Stamm gefertigt waren" und zusätzlich zu den Rudern vermutlich ein kleines Segel hatten, das bei günstigem Wind gesetzt wurde. Wichtig war jedoch, dass die Boote leicht waren, denn sie mussten durch Stromschnellen gezogen und über Landstrecken transportiert werden.

Die Begehrlichkeit ließ manche Schweden nicht an den Grenzen des Byzantinischen Reichs oder der arabischen Welt Halt machen. Vor allem Konstantinopel mit seinem Reichtum übte eine Anziehungskraft aus, der die Rus schwerlich widerstehen konnten. Mehr als einmal versuchten sie, die Stadt einzunehmen, die sie

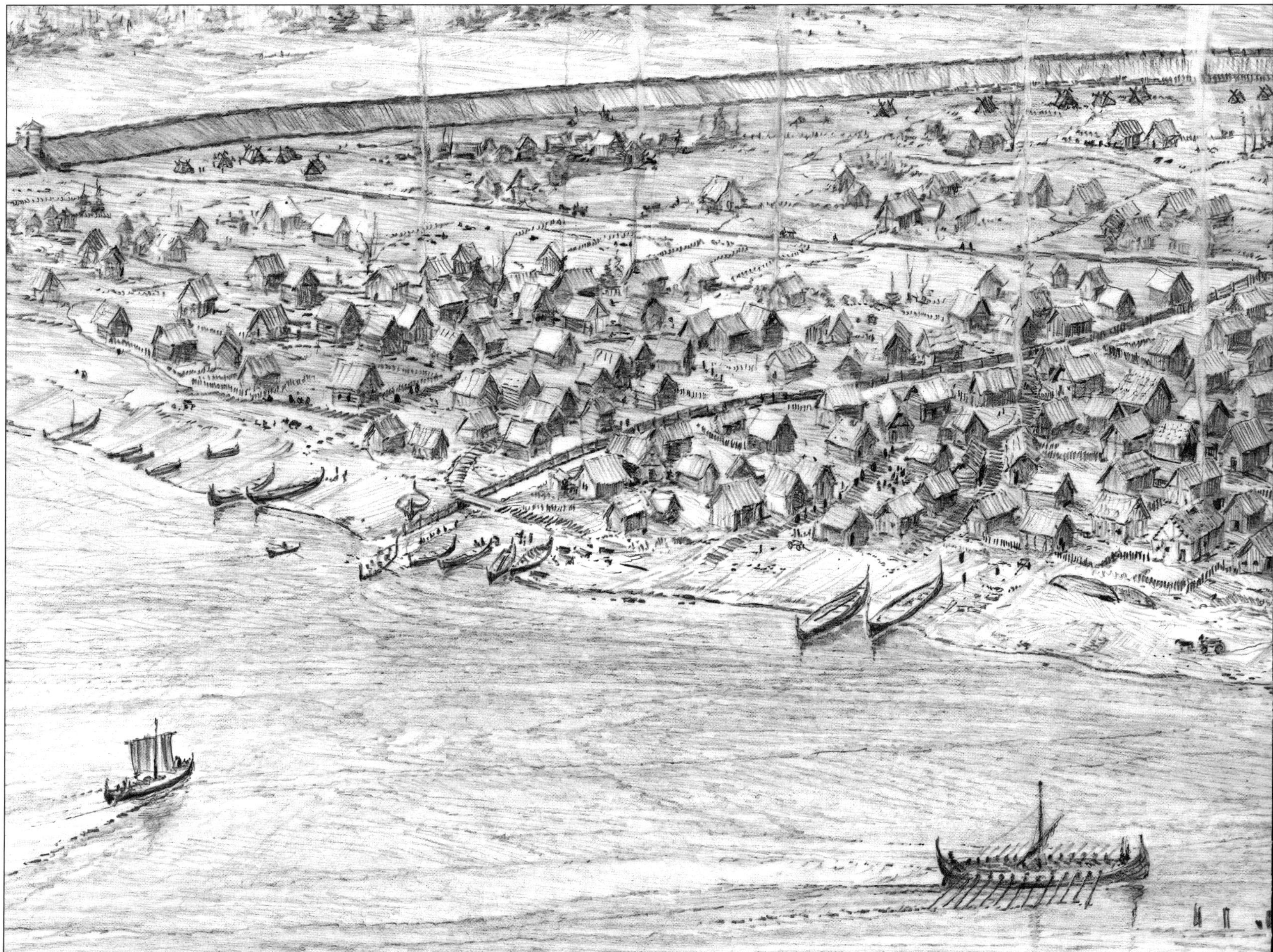

Mikligard, die „Große Stadt“, nannten. Einem byzantinischen Bericht zufolge sollen um das Jahr 907 Zehntausende von Rus Konstantinopel von See her angegriffen haben. Der byzantinische Kaiser, der auf Frieden bedacht war, erklärte sich bereit, den Wikingern Tribut zu zahlen, und bot ihnen Vorrechte im Handel an. In den Jahren darauf flammte der Konflikt zwischen den beiden Seiten erneut auf, und die Rus legten byzantinische Klöster und Dörfer in Schutt und Asche. Ihre rücksichtslose Kühnheit trug ihnen den grollenden Respekt des byzantinischen Kaisers ein; in seiner Warägerwache, die den Kaiserpalast schützte und Raubzüge in Länder unternahm, die dem Kaiser feindlich gesinnt waren, stellten die Schweden später das Gros der Wikingerkämpfer.

Um sich zu bereichern, brauchten die Rus nicht bis nach Byzanz oder Bagdad zu reisen. Schon auf halber Strecke, an Handelsplätzen wie Bulgar an der Wolga oder Kiew am Dnjepr, trafen sie Handelskarawanen, die aus dem Süden oder Osten kamen. Sowohl Bul-

Ein Wall umgab die Wikingerstadt Haithabu, gelegen nahe dem heutigen Schleswig, damals eine Metropole des Handels und des Handwerks. Im Hafen wimmelte es von Schiffen, die mit Sklaven und anderer Fracht beladen waren. Zu den Besuchern der Stadt gehörte ein arabischer Kaufmann, für den sie „am anderen Ende der Weltmeere“ lag.

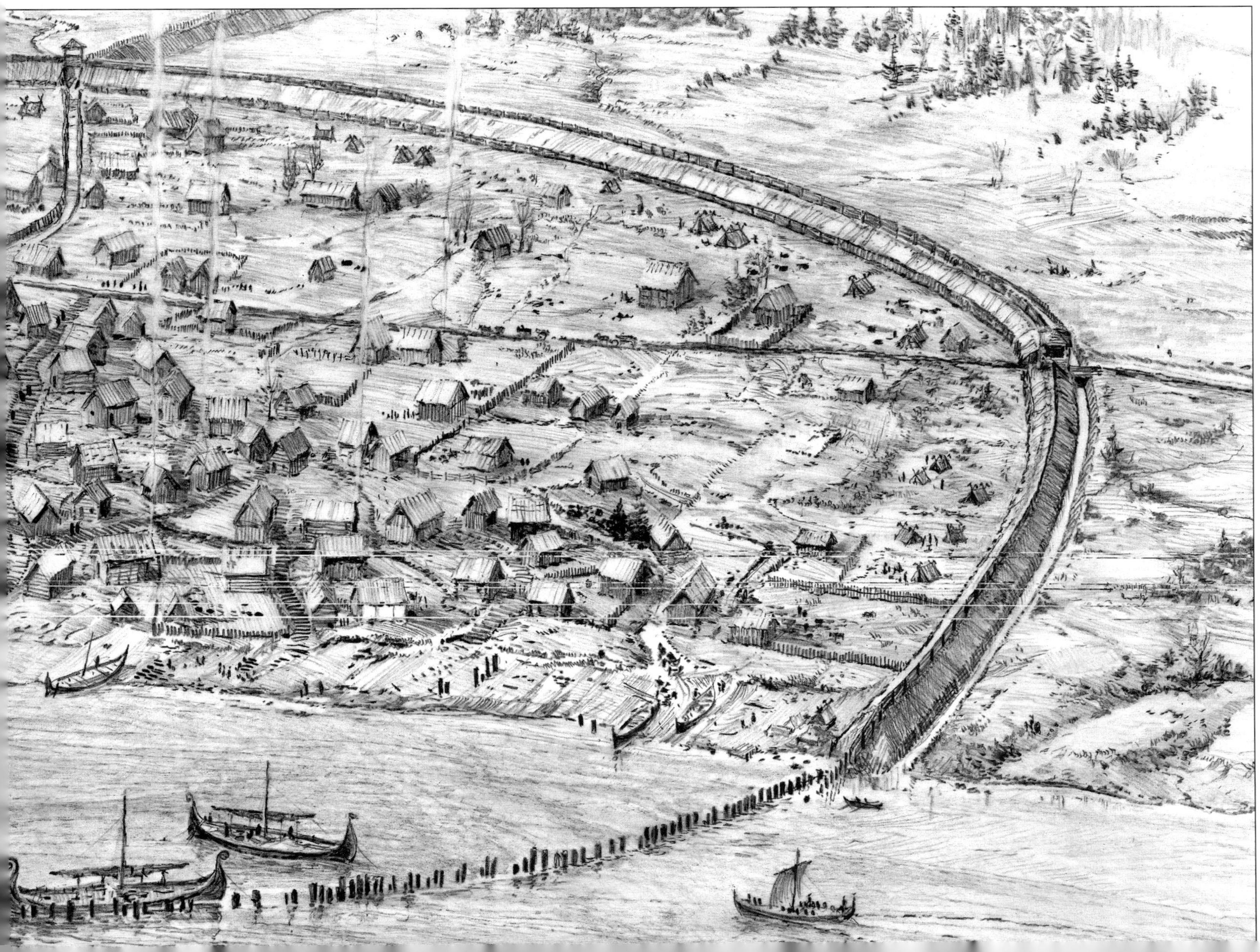

gar als auch Kiew waren das Ziel zahlreicher Schweden. Hier schlugen sie befestigte Lager auf, um das umliegende Land unsicher zu machen und sich Sklaven und Felle zu beschaffen, die sie zum Warentausch anbieten konnten. Kiew wurde so sehr von den Schweden geprägt, dass ihnen später die Gründung der Stadt zugeschrieben wurde. Eine russische Chronik aus dem 12. Jahrhundert stellte sogar die Behauptung auf, die Rus oder Schweden hätten Kiew als ihre Hauptstadt auf Einladung der ortsansässigen Slawen gegründet, die sich außerstande sahen, ihr Land selbst zu verwalten. „Unser Land ist reich und sehr groß", sollen sie den Rus erklärt haben, „aber es ist von Unordnung zerrissen. Kommt und beherrscht und regiert uns." Ob dies der historischen Wahrheit entspricht, darf allerdings bezweifelt werden.

Ob sie als Retter der Slawen kamen oder als ihre Ausbeuter, auf jeden Fall dominierten die Schweden in der Region um Kiew und anderen Teilen Russlands eine Zeitlang, bevor sie wie ihre wikingischen Vettern in Westeuropa vertrieben wurden oder sich mit der örtlichen Bevölkerung vermischten. Im 11. Jahrhundert trugen die Herrscher von Kiew nicht mehr Namen wie Rurik oder Oleg, sondern ließen sich mit slawischen Titeln wie Wladimir oder Jaroslaw anreden.

Auf dem Gipfel ihrer Macht jedoch konnten die Rus in Russland offenbar schalten und walten, wie sie wollten. Und sie scheuten sich nicht, es zu tun. Im Jahr 922 hatte ein arabischer Reisender namens Ibn Fadlan Gelegenheit, sie in Bulgar zu beobachten, und ihm verdanken wir eine lebendige, teilweise jedoch auch abstoßende Beschreibung dieser Wikinger, die sich mit einer Selbstverständlichkeit ohnegleichen auf fremdem Boden niederließen. Ibn Fadlan war mit einer Delegation gekommen, die der Kalif von Bagdad zum König der Bulgaren geschickt hatte, eines türkischen Volkes, das sich dem Islam geöffnet hatte. Der König hatte den Handelsplatz Bulgar trotz der massiven Präsenz der Wikinger unter Kontrolle behalten können, und die Delegation samt Ibn Fadlan war gekommen, um ihn in muslimischen Riten zu unterweisen und ihm beim Bau einer Festung zu helfen, die Bulgar noch besser schützen sollte. Zu den teuersten Waren, die in Bulgar gehandelt wurden, gehörten Seide aus China und Silber aus Arabien, und Ibn Fadlan und seine Begleitung wollten verhindern, dass die Rus oder andere die Stadt und ihre Schätze in ihren Besitz brachten. So wie die Dinge lagen, waren die Besucher Bulgars, ob Nordmänner, Araber oder andere, zwar voreinander auf der Hut, aber es herrschte keine Feindschaft zwischen ihnen. In den überfüllten Straßen, in denen der Gestank von Kamelen und anderen Lasttieren hing, ging es relativ friedlich zu. Tätowierte Rus mit prall gefüllten Geldbeuteln feilschten mit Händlern in Kaftanen aus Bagdad, während ächzende Karren vorüber zogen, die unter der Last der Pelze fast zusammenbrachen.

Für den kultivierten Muslim Ibn Fadlan waren die Rus, die er in Bulgar traf, Heiden und Barbaren; dennoch bemühte er sich, so objektiv wie möglich ein differenziertes Bild ihrer Sitten und Gebräuche zu zeichnen. Wie vielen Fremden fielen auch Ibn Farlan zunächst die Größe und Statur der Wikinger auf, die er in den schmutzigen Straßen von

In Russland trafen wikingische Kauffahrer auf die Händler aus dem Nahen Osten, die an Pelzen und Sklaven interessiert waren. Der Holzschnitt oben zeigt rechts einen Schweden, der mit Pfeil und Bogen auf ein Eichhörnchen zielt. Rechts ziehen Wikinger ihr Boot über Land, was immer dann nötig war, wenn ihnen Strudel oder Wasserfälle die Weiterfahrt verwehrten oder wenn sie von einem Fluss zu einem anderen wechseln mussten.

Bulgar sah. „Nie habe ich vollkommenere Körper gesehen“, schrieb er, „sie sind groß wie Dattelpalmen, gelbblond und von rötlicher Gesichtsfarbe.“ In der Tat überragten die Wikinger die anderen Europäer, mit denen sie Handel trieben, um einige Zentimeter. Ihre imposante Statur unterstrichen sie durch die Waffen und den auffälligen Schmuck, den sie trugen. „Jeder Mann trägt eine Axt, ein Schwert und ein Messer, die er zu keiner Zeit ablegt“, berichtete Ibn Fadlan. Nicht weniger augenfällig waren die dunklen Tätowierungen, die sich „von den Fingernägeln bis zum Hals“ hinauf zogen und ineinander verschlungene Muster bildeten, in denen Ibn Fadlan Bäume zu erkennen glaubte.

Was alles andere betraf, so fand der arabische Beobachter die Wikinger weit weniger attraktiv. „Sie sind die schmutzigsten Kreaturen Gottes“, urteilte er. „Sie haben keine Scham, Darm und Blase zu entleeren … geschweige denn, dass sie sich nach dem Essen die Hände waschen. Sie sind so wie die wilden Esel.“ Wenn sie sich die Mühe machten, sich zu reinigen, dann auf „die schmutzigste, dreckigste Art, die man sich denken kann“, meinte er angeekelt. Jeden Morgen brachte eine Sklavin ihrem Herrn eine Schüssel voll Wasser, damit er sich Hände, Gesicht und Haare abspülte. War das geschehen, schnäuzte er die Nase und spuckte in die Schüssel. „Wenn er fertig ist“, schrieb Ibn Farlan, „trägt die Magd die Schüssel zu dem nächsten, der dasselbe tut.“ Wie es schien, war der gemeinsame Gebrauch der Waschschüssel ein Zeichen kameradschaftlicher Verbundenheit.

Nicht nur die Rus, sondern auch andere Menschen, denen Ibn Farlan auf seiner Reise begegnete, kannten die strengen Regeln der Sauberkeit und des Anstands nicht, die seine Religion ihm auferlegte. Als gläubiger Muslim hatte er sich regelmäßig unter fließendem Wasser zu waschen, um die mit den Körperfunktionen assoziierte Unreinheit abzuwaschen. Die Wikinger hatten für solche Dinge keinen Sinn. Das enge Zusammenleben im heimatlichen Langhaus hatte sie nicht zur Schamhaftigkeit erzogen. Für sie waren menschliche Bedürfnisse nichts Unanständiges, nichts, was man vor anderen verbergen musste. Auf den langen Reisen, die sie gemeinsam unternahmen, musste manchmal sogar auf das Gesetz der Höflichkeit verzichtet werden, den Darm nicht vor den Augen anderer zu entleeren.

Die Sklavinnen, die den Schweden aufwarteten, waren nicht die einzigen Frauen in ihrer Begleitung. Ibn Fadlan, der sich aufmerksam und neugierig zwischen den Zelten und Holzhütten der Rus umsah, entdeckte Frauen, die edlen Schmuck

Den schwedischen Rus, die Ende des 9. Jahrhunderts Kiew regierten, liefern slawische Untertanen Pelze ab *(links)*. Unten ist die Belagerung von Konstantinopel zu Beginn des 10. Jahrhunderts dargestellt. Die Wikinger umgehen die schwere Kette, die den Hafen der Stadt zur See hin abriegelt, indem sie ihre Schiffe auf Rädern transportieren. In der Tat schafften die Wikinger ihre Schiffe häufig auf Radgestellen über Land, wenn Hindernisse überwunden werden mussten. Die Bilder stammen aus einer russischen Chronik des Mittelalters.

trugen und die er für die Gemahlinnen der Wikinger hielt. Sie schmückten sich mit „Halsreifen aus Silber und Gold", stellte er fest, wobei die Zahl der Reife den Reichtum ihrer Männer widerspiegelte. Weitere Standessymbole waren die Doppelspangen, die sie nach skandinavischem Brauch rechts und links oberhalb der Brust trugen; auch sie variierten sehr in ihrem Wert und in der Qualität. Die Frauen mit den reichsten Ehemännern trugen Fibeln aus Silber und Gold statt aus Eisen. Ob alle diese reich geschmückten Frauen tatsächlich mitreisende Ehefrauen waren, muß bezweifelt werden; viele dürften Geliebte der Schweden gewesen sein.

Für Ibn Fadlan waren die Rus natürlich Ungläubige, was aber nicht bedeutete, dass sie keine Religion und keine Rituale hatten. So zum Beispiel pflegten die Rus in der Hoffnung auf ein gutes Geschäft hölzernen Götterbildnissen Speise- und Trankopfer darzubringen, und sie beteten zu den Geistern mit der Bitte um einen reichen Kaufmann, „der mir abkauft, was ich will, und meine Worte nicht in Zweifel zieht". Wurden die Bitten erhört, so schlachteten die Rus ein Schaf und ein Rind, deren Köpfe sie als Dankopfer

auf Stangen vor den Altären aufspießten, und verteilten darunter Fleischstücke. „Nachts kommen dann Hunde und fressen alles auf", notierte Ibn Fadlan nicht ohne Sarkasmus, „aber der, der das Opfer gebracht hat, sagt: ‚Wahrhaftig, mein Gott ist zufrieden mit mir und hat die Gabe verzehrt, die ich ihm gebracht habe.'"

Ein besonderes Ereignis, das Ibn Fadlan beobachten konnte, war die prunkvolle Einäscherung eines verstorbenen Häuptlings der Rus, der auf seinem Schiff aufgebahrt und gemeinsam mit einer jungen Sklavin, die sich freiwillig opferte, den Flammen übergeben wurde. Vieles an dieser Zeremonie erinnerte an die Bestattung von Oseberg, nur dass dort die Verstorbene und ihre Magd nicht mitsamt dem Schiff und allem, was sich darin befand, verbrannt worden waren, bevor man sie mit einem Erdhügel bedeckte.

Dem Totenfest gingen zehn Tage der Trauer voraus, an denen die Freunde und Verwandten des Häuptlings ihren Kummer mit Unmengen eines berauschenden Getränks zu lindern suchten, das Ibn Fadlan *nabid* nannte. „Sie betäuben sich, indem sie dieses Nabid Tag und Nacht trinken", schrieb er. „Manchmal fällt einer tot um, den Kelch in der Hand." Auch das Sklavenmädchen, das mit dem Häuptling die weite Reise ins Jenseits antreten sollte, betrank sich bis zur Bewusstlosigkeit, nachdem sie sich bereit erklärt hatte, ihrem Herrn in den Tod zu folgen. „Wer von euch wird mit ihm sterben?" lautete die Frage an alle Sklaven, und sie erwiderte ohne Zögern: „Ich." Es ist wahrscheinlich, dass sie ihrem Herrn zu dessen Lebzeiten in Liebe zugetan war, und wenn sie ihm in den Tod folgen wollte, dann tat sie es in der Gewissheit, dass glorreiche Gefilde auf ihn warteten. Das Mädchen wurde der Aufsicht zweier Frauen übergeben, die sie nicht mehr aus den Augen ließen, während sie trank und fröhlich sang, gerade so, als bereite sie sich auf das Schönste im Leben vor.

Das auserwählte Opfer wurde wie die zukünftige Braut des Verstorbenen behandelt, wobei man allerdings nicht von ihr erwartete, dass sie sich für ihn aufsparte. Im Gegenteil: Bevor sie starb, suchte sie die Zelte mehrerer Männer auf, die dem Häuptling nahe gestanden hatten, und schlief mit ihnen. „Sage deinem Herrn, dass ich dies aus Liebe zu ihm getan habe", lauteten die Worte, die jeder der Männer ihr beim Abschied mit auf den Weg gab. Die Sklavin wurde dann an eine Art Tor geführt, das man als symbolische Grenze zwischen dem Diesseits und dem Jenseits aufgebaut hatte. Dort warteten Männer, die ihre Füße umfassten und sie dreimal in die Höhe hoben. Jedesmal, wenn sie hochgestemmt wurde, gab die Sklavin an, jemanden auf der anderen Seite des Tores zu sehen: ihren Vater und ihre Mutter, dann andere Verwandte, die sie geliebt hatte und die verstorben waren, und zuletzt ihren toten Herrn, der sie in einem üppig grünen, wunderbaren Paradies erwartete. „Er ruft nach mir", sagte sie, „bringt mich zu ihm."

Die Trauernden kamen ihrem Wunsch nach, indem sie sie zu dem Schiff führten, das am Ufer auf einem aufgeschichteten Scheiterhaufen stand. Dort, in einer Grabkammer an Deck, lag der Häuptling aufgebahrt, dessen Leichnam inzwischen jedoch, wie Ibn Fadlan bemerkte, „schwarz von der Kälte des Landes" geworden war. Aber man hatte ihn neu gekleidet und ihm Pelze und einen „Kaftan aus Brokat mit Goldknöpfen" angelegt. Auf Kissen gebettet, ruhte er zwischen Früchten, duftenden Blumen, Waffen und den Kadavern eines Hundes, zweier Pferde, zweier Kühe, eines Hahns und einer Henne. Als sich die Skla-

vin nun der Grabkammer näherte, wurde sie vor dem Eingang von einer alten Frau in Empfang genommen, die man den Todesengel nannte. Sie forderte das Mädchen auf, einen letzten Kelch Nabid zu trinken, bevor sich ihr Schicksal vollendete.

In diesem Augenblick schien das Mädchen in seinem Entschluss doch noch unsicher zu werden und zuckte zurück, aber der gnadenlose Todesengel umfasste ihren Kopf und führte sie gewaltsam in die Grabkammer. Dort erreichte die Feier ihren grausigen Höhepunkt: Sechs Männer betraten die Grabkammer, und die Krieger, die um den Scheiterhaufen herum standen, schlugen mit Stöcken auf ihre Schilde, um die Schreie der Sklavin zu übertönen. „Dann legten sie sie neben ihren Herrn", fuhr Ibn Farlan sachlich fort. Zwei Männer hielten sie an den Füßen fest, zwei umklammerten ihre Hände, während der Todesengel einen Strick um ihren Hals schlang und die überkreuzten Enden zwei weiteren Männern übergab, die sie fest in den Fäusten hielten. Dann nahm die alte Frau einen Dolch mit breiter Klinge und stach ihn wiederholt zwischen die Rippen des Opfers. Gleichzeitig zogen die Männer an den beiden Enden des Strangs, „bis sie tot war".

Nun legte der engste männliche Verwandte des Toten seine Kleidung ab und schritt nackt mit einer Fackel in der Hand auf den Scheiterhaufen zu, um diesen in Brand zu setzen. Kurze Zeit später umzüngelten lodernde Flammen „das Schiff, die Grabkammer, den Mann, das Mädchen und alles, was sich in dem Schiff befand", notierte Ibn Fadlan. „Ein starker, furchtbarer Wind kam auf, der die Flammen noch gieriger und feuriger machte." Es dauerte nicht lange, und von dem Scheiterhaufen und den Toten waren nur noch Glut und Asche übrig.

Als das Feuer verloderte, hörte Ibn Fadlan neben sich einen Rus sprechen und fragte einen Dolmetscher, was der Mann gesagt habe. „Ihr Araber seid doch Narren", übersetzte der Dolmetscher. „Ihr nehmt die Menschen, die euch die Liebsten sind und die ihr am höchsten verehrt, und bettet sie in die Erde, wo Insekten und Würmer sich über sie hermachen. Wir haben ihn verbrannt, damit er sofort Eingang ins Paradies findet."

Kaum hatte er dies gesagt, brach der Mann in ein für seinen arabischen Nachbarn unverständliches Lachen aus. Es gebe überhaupt keinen Grund zu klagen, nur weil ein Toter davongegangen sei, erklärte er. „Sein Gott hat ihm

Dieser kleine Buddha auf seinem Thron aus Lotosblütenblättern entstand im 6. Jahrhundert in Indien und gehört sicher zu den ausgefallensten Objekten, die Wikinger je kauften. Er dürfte durch die Hände etlicher Händler gegangen sein, bevor er 8000 Kilometer von seinem Ursprungsland entfernt auf der schwedischen Insel Helgö ankam.

DIE FREUDE AM BESONDEREN

Die Wikinger liebten alles, was fremdartig und ausgefallen war, und sie nahmen jede Entfernung in Kauf, um sich legal oder illegal in den Besitz solcher Kostbarkeiten zu bringen. Ein arabischer Händler notierte, die Wikinger würden „keine Mühe scheuen, um bunte Perlen zu bekommen", doch es gab noch viele andere Dinge, die sie in die Ferne schweifen ließen. Sie kauften feine Gold- und Silberfäden, um sie in ihre Tuniken einzuweben, und edle Seide aus dem fernen China zum Schmuck der Lebenden und der Toten. Eingehandelt wurden die Waren nicht unbedingt an ihrem Ursprungsort, sondern oft genug auf halber Strecke in Handelszentren wie Bulgar an der Wolga, wo sich die Wikinger mit Händlern aus Byzanz oder Arabien trafen. Aber die Reisen tief ins russische Hinterland waren weit und gefährlich genug, um den Waren in der Heimat den Wert des Raren und Besonderen zu verleihen.

Völlig ungeniert wurden manchmal unrechtmäßig und rechtmäßig erworbene Gegenstände zu apartem Geschmeide kombiniert. Wenn ein Handwerker in Haithabu oder der schwedischen Handelsstadt Birka eine Halskette anfertigte, dann konnte es durchaus sein, dass er aus englischen Klöstern geraubte Edelsteine oder Perlen mit Silbermünzen kombinierte, mit denen arabische Kaufleute ordnungsgemäß für wikingische Waren bezahlt hatten. Für die Träger des Schmuckes kam es nicht darauf an, woher das Kleinod kam; sie interessierte lediglich, wie selten oder ausgefallen es war. Die hier abgebildeten Gegenstände hatten einen weiten Weg nach Skandinavien hinter sich und waren deshalb um so wertvoller. Sie kündeten von fremden, einst unerreichbaren Welten, die sich die Wikinger erschlossen hatten.

Edles Glas, wie dieses Trinkgefäß aus dem Rheinland, gehörte zu den Luxuswaren, die für adlige Wikinger importiert wurden.

Vermutlich auf der Handelsroute entlang der Wolga, die Skandinavien mit der arabischen Welt verband, kam diese bronzene Kohlenpfanne aus dem 9. Jahrhundert von Bagdad nach Schweden. Sie ist einer Moschee nachgebildet.

einen Wind geschickt, um ihn in einer Stunde fortzutragen." Und tatsächlich hatte es nicht länger als eine Stunde gedauert, bis von dem Scheiterhaufen nichts mehr übrig war.

Als das Wikingerzeitalter in Europa schließlich zu Ende ging, verabschiedete es sich angemessen mit einem letzten Aufflammen männlichen Mutes und Heldentums. Bis zur Jahrtausendwende hatten die Nordmänner einiges von der Wildheit und Unbesiegbarkeit verloren, die sie ausgezeichnet hatten. Die christliche Religion fasste Fuß in Skandinavien, und die Wikinger passten sich in ihren Sitten und Ritualen immer mehr anderen Europäern an. Zwei Jahrhunderte der Emigration und politischen Stabilität hatten die Not und den Druck in der nordischen Heimat gemindert, und längst brannten nicht mehr so viele junge Männer darauf, auf Wikingerfahrt zu gehen.

Dessen ungeachtet sollten noch heiße Kämpfe ausgefochten und entscheidende Weichen gestellt werden. Die Machtkonsolidierung in den verschiedenen wikingischen Ländern, die sich allmählich zu Staaten entwickelten, verstärkte die Rivalität zwischen den nordischen Herrschern. Einer der erbittertsten Machtkämpfe wurde 1066 entschieden. In jenem Jahr starb nämlich ein König, der Anspruch auf den englischen Thron erhoben hatte – Harald Hardradi („der Strenge") von Norwegen; er war von den Truppen Harold Godwinsons besiegt worden, der seinerseits den englischen Thron beanspruchte und selbst wikingisches Blut in den Adern hatte. Doch es gab einen Fürsten, der wiederum Harold den Thron streitig machte: Herzog Wilhelm von der Normandie. Noch im Jahr der Niederlage und des Todes Haralds führte Wilhelm ein großes Normannenheer über den Ärmelkanal, und bei Hastings kam es zum Zusammentreffen mit Harold Godwinsons Heer. Wilhelm siegte in der berühmten Schlacht, und Harold wurde getötet. Von den drei Mitbewerbern in diesem Machtkampf war Harald von Norwegen der einzige echte Wikinger gewesen, frei von irgendwelchen französischen oder englischen Einflüssen. Mit seinen Raubzügen hatte er den umtriebigen nordischen Geist personifiziert, und sein Tod markierte das Ende des wikingischen Expansionsdranges in Europa.

Das Leben des Harald Hardradi bot zu viel und zu anregenden Stoff für einen Sagaerzähler vom Range

Im wikingischen Yorkshire wurde im 10. Jahrhundert dieser Gedenkstein aufgestellt, der einen Krieger mit Helm, Speer, Schwert, Kriegsbeil und einem Messer im Futteral am Gürtel zeigt. Waffen gehörten häufig zu den Grabbeigaben.

eines Snorri Sturluson, als dass dieser sich hätte kurz fassen können. Snorri füllte 101 Kapitel seiner *Heimskringla* mit Haralds Taten; sein Bericht folgte dem jungen Prinzen von Norwegen nach Russland, dann weiter nach Byzanz und schließlich wieder zurück in die Heimat, wo er die Herrschaft antrat und mit eiserner Faust regierte, bevor er den Entschluss fasste, England zu erobern. Wie sonst auch in seinem Werk, schmückte Snorri das Tatsachengerüst des königlichen Werdeganges mit Legenden und Sagen aus, wobei er auch auf die Verse von Hofskalden zurückgriff, die die Fahrten und Triumphe Haralds in phantasievollen Versen gefeiert und so zu Haralds Verherrlichung beigetragen hatten. Das Porträt, das Snorri überlieferte, war dennoch nicht allzuweit von der Wahrheit entfernt, denn keinem gewöhnlichen Mann wäre es möglich gewesen, so viel Anerkennung auf sich zu ziehen. Harald Hardradi war in der Tat einer der letzten großen nordischen Abenteurer.

Harald war gerade erst 15 Jahre alt, als er seine Heimat verlassen musste. Der Emigration vorausgegangen war der Tod seines Halbbruders Olafs des Heiligen; dieser war in Kämpfen mit Norwegern gefallen, die sich seinem Willen widersetzten, das Land zu christianisieren und heidnische Praktiken zu verbieten. Harald selbst erlitt in dem Kampf, der Olaf das Leben kostete, schwere Verwundungen, doch es gelang seinen Leuten, ihn vom Schlachtfeld zu einem abgelegenen Gehöft zu tragen, wo er gesund gepflegt wurde. Wieder zu Kräften gekommen, floh Harald nach Schweden, wobei er die üblichen Reiserouten mied und sich durch dunkle Wälder einen Weg bahnte.

Mit solchen Eisenspeeren und Axtblättern, die in der Themse gefunden wurden, waren die Wikinger bewaffnet, als sie in England einfielen. Sie kämpften zwar auch mit Bogen und Wurfschlinge, waren aber besonders geübt im Gebrauch von Nahkampfwaffen wie diesen.

In Schweden begegnete Harald anderen Emigranten, und gemeinsam beschlossen sie, ihre Dienste Jaroslaw, dem Großfürsten von Kiew, anzubieten, der trotz seines slawischen Namens von den alten schwedischen Herrschern Kiews abstammte und diese Blutsbindung aufgefrischt hatte, indem er die Tochter des schwedischen Königs heiratete. Auch Harald hatte verwandtschaftliche Verbindungen mit Schweden, so dass er nicht daran zweifelte, von Jaroslaw als Gefolgsmann und Blutsverwandter aufgenommen zu werden. Und so machte er sich mit seinen Begleitern auf den Weg, den die Rus schon immer genommen hatten: Er überquerte die Ostsee, um dann auf dem Fluss- und Landweg zum Oberlauf des Dnjepr zu ziehen, der ihn direkt nach Kiew brachte.

Jaroslaw verschwendete keine Zeit, sondern wies den tatendurstigen Wikingern sogleich die erste Aufgabe zu, indem er sie in einen Kampf gegen die Polen schickte und sie reich belohnte, als die Schlacht geschlagen war. (Seine Dankbarkeit war so groß, dass er Harald später seine Tochter Elisabeth zur Frau gab.) Harald gefiel sich in der Rolle des Söldners, und nachdem er einige Jahre im Dienst Jaroslaws verbracht hatte, sammelte er seine Krieger, um dieselbe Rolle auf einer größeren Bühne weiterzuspielen. Er unterstellte sich dem Herrscher von Byzanz, in dessen Auftrag er das Mittelmeer unsicher machte. Ein Hofdichter beschrieb, wie Harald und seine Männer zum ersten Mal in ihren Drachenschiffen vor Konstantinopel auftauchten:

Griechenlands König [der Kaiser von Byzanz] *konnte*
Kiel schaun, glanzumspielte.
Da schwamm manch brust-schimmernd
Schiff hin nach Burgs [Konstantinopels] *Zinnen.*

Mit gelbblondem Haar und ebenso gelbblondem Bart, hoch gewachsen und stark, war Harald ein Bild von einem Mann; wie es hieß, soll er den größten seiner Gefährten noch um einen Kopf überragt haben. Eine Augenbraue wölbte sich etwas höher als die andere, was ihm einen leicht verwegenen Zug verlieh. Sein Anblick erfreute die byzantinische Kaiserin, Zoe die Große, in deren Gefolge man sich zuraunte, dass sie den Mann aus dem Norden zu heiraten begehre – obgleich sie in Michael, dem Kaiser von Byzanz, einen Ehemann und Mitregenten hatte. Harald hingegen trug im Herzen eine stille Sehnsucht – nach jener „goldenen Dame in Russ-

Die Waräger dienten den Herrschern von Byzanz im eigenen und im fremden Land; unter ihnen war auch Harald Hardradi aus Norwegen. Das Mosaik des schwer bewaffneten Warägers stammt aus Byzanz.

land“, nämlich Elisabeth, die ihm damals noch nicht zugesprochen war. Kaiserin Zoes Liebe zu Harald sollte letztendlich in ihr Gegenteil umschlagen. Vorerst aber stand er hoch in der Gunst seiner kaiserlichen Dienstherren, die mit Freude sahen, wie er Feinde ausraubte und Beute heimbrachte, von der er lediglich seinen Teil abzog. Wie Snorri berichtete, wurde Harald zum Anführer der Warägergarde ernannt, doch den Palast zu bewachen reichte ihm und seinen Männern nicht. Lieber segelten sie über die Meere, um Griechen, Sizilianer und andere anzugreifen, die sich dem byzantinischen Expansionsdrang widersetzten, und ihre Festungen und Klöster dem Erdboden gleichzumachen.

In den Augen der Byzantiner waren die Wikinger blutrünstige Barbaren, aber ihr Erfolg beruhte auf etwas Anderem, nämlich ihrer Fähigkeit, neben brutaler Waffengewalt auch den Kopf zu gebrauchen. Diese Fähigkeit teilte Harald mit anderen großen Wikingerführern. Als er mit seinen Warägern auf Beutezug in Sizilien war, so berichtete Snorri, gelang es ihm, eine Stadt mit Mauern, die ganz uneinnehmbar schienen, zu erobern, indem er sich eine unvergleichliche Taktik einfallen ließ. Die Hauptrolle in seinem hinterhältigen Plan spielten Vögel, die unter den Dachfirsten der Häuser in der Stadt nisteten. Tag für Tag, so Snorri, verließen die Vögel die Stadt und begaben sich auf Futtersuche in die Wälder des Umlands. Dem aufmerksamen Harald entging dies natürlich nicht, und er beauftragte seine Leute, etliche von ihnen einzufangen. Als sie genügend hatten, ließ er Späne aus Föhrenholz auf ihren Rücken binden, die mit einer leicht entflammbaren Mischung aus Wachs und Schwefel bestrichen waren. Die Krieger zündeten die Späne an und ließen die Vögel frei; sie flogen auf dem kürzesten Wege zu ihren Nestern in der Stadt zurück und setzten Strohdächer in Brand, von denen aus das Feuer auf die angrenzenden Gebäude übergriff. In Panik erzwangen die Bewohner die Öffnung der verriegelten Tore und stürzten hinaus – in die weit geöffneten Arme von Harald und seiner Truppe.

„Die Macht der Königin hätte ihn kaum daran hindern können, sich der Jungfrau zu bemächtigen.“

Weiter auf Raubzug in Sizilien, gelangte Harald zu einer Stadt, die sich als noch wehrhafter erwies und jeder Taktik oder List standzuhalten schien. Aber Harald übertraf sich selbst – und überrumpelte seine Gegner. Nachdem er die Festung eine Zeit lang belagert hatte, zog er sich auf sein Schiff zurück und blieb von da an ungesehen – wie es schien, ernsthaft erkrankt. Klug wie er war, ließ er den Gegnern in der Stadt kein Wort über seinen Zustand zukommen, sondern vertraute darauf, daß die feindlichen Kundschafter die angebliche Wahrheit schon entdecken würden. Und tatsächlich: Als wenig später eine trauernde Abordnung der Waräger um ein Treffen mit den Bewohnern der Stadt bat und Haralds Tod verkündete, waren die Sizilianer weder überrascht noch misstrauisch. Sie hätten die List allerdings ahnen müssen, als die Wikinger darum baten, Harald innerhalb der Stadtmauern bestatten zu dürfen. Doch die Habgier war größer als der Verstand. Unter den Abgeordneten der Stadt befanden sich Geistliche, die darauf drängten, den Leichnam Haralds – immerhin eines christlichen, wenn auch nicht immer christlich handelnden Menschen – aufzunehmen; vor ihren inneren Augen sahen sie wahrscheinlich schon die reichen Gaben, mit denen heilige Stätten bedacht wurden, die die Gebeine mächtiger Männer verwahrten, auch wenn die Verstorbenen ihren Reichtum auf die unredlichste Weise erworben hatten.

Als der Leichnam des vermeintlichen Harald in die Stadt überführt werden sollte, hatten die Bewohner der Stadt nur einen Gedanken, nämlich den an zukünftigen Reichtum. „So machte sich die ganze Schar von Geistlichen bereit und ging aus der Burg hinaus mit heiligen Schreinen und Reliquien, und sie veranstalteten eine glänzende Prozession“, berichtete Snorri. Die Waräger kamen ihnen in einem prächtigen Leichenzug entgegen. „Ein Sarg wurde hochgetragen, der mit kostbaren Stoffen überzeltet war, und über ihm schwenkte man manch Banner.“ Als die Träger das Stadttor erreichten, stellten sie den Sarg quer zwischen den Torflügeln ab, so dass sie sich nun nicht mehr schließen ließen. Dann

DIE SCHLACHT UM ENGLAND

Mit der Eroberung Englands durch die Normannen im Jahr 1066 – hier und im Folgenden illustriert anhand von Ausschnitten aus dem berühmten Wandteppich von Bayeux – endete ein jahrelanger Machtkampf, an dem drei Könige beteiligt waren, die alle wikingisches Blut in den Adern hatten. Da war zum einen Herzog Wilhelm von der Normandie. Er und seine Normannen waren zwar nordischen Ursprungs und schmückten ihre Schiffe mit Drachenköpfen *(unten)*, aber sie fühlten sich als Franzosen. Wilhelms angelsächsischer Gegner, Harold Godwinson, war mütterlicherseits mit dem Dänenkönig Knut verwandt, der 1016 den englischen Thron erobert hatte – und somit näher an der wikingischen Tradition als Wilhelm. Der dritte Bewerber, König Harald Hardradi von Norwegen, war ein vollblütiger Wikinger, dessen Machtstreben Grund genug für kriegerische Aktionen war.

Wilhelm dagegen schien seinen Anspruch rechtfertigen zu wollen. Er berief sich auf Harold Godwinsons Versprechen, ihn als Nachfolger König Edwards des Bekenners zu unterstützen, der im Januar 1066 kinderlos gestorben war. Allerdings war Harold dieses Versprechen unter Zwang abgerungen worden, als er vor der normannischen Küste in Seenot geraten und Wilhelm in die Hände gefallen war. Die eigentliche Frage war also nicht, wer das größere Recht auf den Thron besaß, sondern wer der Stärkere war. Harold Godwinson schien angreifbar, und sowohl Wilhelm als auch Harald Hardradi sahen eine Chance, ihn zu vertreiben.

Ein Karren mit einem gewaltigen Weinfass, Helmen und Lanzen wird von zwei Sklaven zu den Englandschiffen gezogen. Dahinter schleppen Männer an geschulterten Speeren schwere Kettenhemden, die Wilhelms Soldaten in der Schlacht tragen werden.

Normannische Soldaten legen Feuer an ein angelsächsisches Landhaus. Die Herrin des Anwesens flieht mit dem Sohn an der Hand.

Endlich bläht der Wind die Segel und treibt die normannischen Schiffe mit Soldaten, Pferden und Waffen über den Ärmelkanal.

Wilhelms Flotte wurde durch ungünstige Winde im heimischen Hafen festgehalten, während Harald Hardradi mit seiner Armee in England einmarschierte. Bei Stamford Bridge stellte sich ihm die angelsächsische Streitmacht entgegen und blieb siegreich, wenn auch mit großen Verlusten. Harald fiel.

Als der Wind sich endlich drehte, erhoben Wilhelm und seine Kämpfer „Hände und Stimmen zum Dank zum Himmel. Einander anspornend, eilten sie an Bord." Sie hätten Gott lieber dafür danken sollen, dass er sie aufgehalten hatte, denn als sie mit ihren Schiffen England erreichten, war einer ihrer Gegner tot, der andere geschwächt.

Wilhelm hatte das Glück des Tüchtigen. Er war ein ausgezeichneter Truppenführer, auf dessen Befehl rund 7000 Mann hörten, darunter Hunderte von Bogenschützen und eine starke Reiterei. Harold Godwinson verfügte über eine etwa gleich große Streitmacht, aber es handelte sich mehrheitlich um Fußsoldaten, denen noch der Kampf gegen Harald Hardradi in den Knochen steckte. Wilhelm wollte eine schnelle Entscheidung und befahl seinen Leuten, während des Vormarschs das Land zu verwüsten, um den Gegner herauszufordern.

Die beiden Heere trafen 16 Kilometer von Hastings entfernt auf einem Hügel aufeinander. Harolds Männer kämpften tapfer, aber vergeblich. Einem Bericht zufolge wurde Harold von einem normannischen Ritter getötet und „aller seiner Ehrenzeichen beraubt", so dass er nur noch an gewissen „körperlichen Merkmalen" zu identifizieren war. Wilhelm der Eroberer zog im Triumphzug in London ein, wo er Weihnachten 1066 gekrönt wurde.

Wilhelm spornt seine Truppen an: „Die Zeit ist gekommen, in der ihr eure Stärke beweisen müsst. Es gibt keinen Weg zurück."

König Harolds Hauskarle, seine handverlesene Leibgarde, versuchte mannhaft, dem Ansturm der normannischen Reiterei standzuhalten. Um sich zu schützen, bildeten Harolds Männer einen Schildwall: Sie standen so eng Körper an Körper, dass nur wenige der tödlich Getroffenen zu Boden sanken.

Mit Harold Godwinsons Tod endete die Schlacht von Hastings.

erklangen die Hörner, die zu den Waffen riefen, und die Wikinger zogen ihre Schwerter. Mönche und Priester, die eben noch auf Geschenke gehofft hatten, erfasste das Grauen, und sie liefen in Panik davon. Haralds Leute zogen plündernd durch die Stadt, erschlugen Geistliche und Laien und beraubten das Heiligtum seiner Schätze, deren Wächter gerade noch untereinander gewetteifert hatten, wer den Leichnam denn nun in Empfang nehmen sollte.

Wenn Harald nur halb so findig und gerissen war, wie man es auf Grund dieser Geschichten annehmen muss, dann hatten seine Feinde tatsächlich Grund, ihn zu fürchten. Und auch von seinen Freunden konnten sich nur die engsten ihres Lebens sicher sein. Sogar seine kaiserlichen Dienstherren, die sich durch seine Plündereien bereicherten, beschlich am Ende Furcht und Misstrauen. Als Harald nach zahllosen profitablen Kämpfen nach Konstantinopel zurückkehrte, erfuhr er, dass der norwegische König, der seinen Halbbruder Olaf vom Thron vertrieben hatte, inzwischen selbst abgesetzt und durch seinen Neffen, Magnus Olafsson, ersetzt worden war. Harald glaubte, ältere Thronrechte als sein Neffe zu besitzen; also quittierte er den Dienst und drängte darauf, nach Norwegen zu segeln, um seine Ansprüche geltend zu machen. Kaiserin Zoe hatte aber nicht die Absicht, ihn ziehen zu lassen. Sie beschuldigte ihn, dem Kaiser einen Teil der ihm zustehenden geplünderten Schätze vorzuenthalten, und ließ ihn in den Kerker werfen. Vielleicht liebte sie ihn ja noch immer und wollte ihn in ihrer Nähe haben, aber sie stieß auf keinerlei Gegenliebe. Die einzige Frau, die Harald der fernen Elisabeth noch vorgezogen hätte, war Maria, die zauberhafte Nichte der Kaiserin; doch deren Hand verweigerte ihm Zoe strikt.

Keine noch so dicken Kerkermauern vermochten Harald lange aufzuhalten. Er entkam mit der Hilfe von Verbündeten, rief seine Waräger zusammen, griff den Kaiser an und tötete ihn. Um sich für das erlittene Unrecht zu rächen, entführte er Maria und nahm sie mit auf sein Langschiff. Die großen Eisenketten an der Mündung des Bosporus blockierten die Ausfahrt, doch wie Snorri angab, ließ Harald alle Männer mit der Fracht nach hinten gehen, so daß sich der Bug hob und das Schiff, von den Ruderern kräftig unterstützt, auf die Kette und dann, als die Männer wieder nach vorn kamen, hinüber glitt. Vor Zoes Zugriff sicher, setzte Harald Maria an Land ab mit dem Auftrag, nach Konstantinopel zurückzukehren und ihrer Kaiserin klar zu machen, wie wenig Gewalt sie über ihn hatte: „Ihre Macht hätte ihn kaum daran hindern können, sich der Jungfrau zu bemächtigen".

In Wahrheit war Maria Harald nun im Wege. Auf dem Rückweg nach Norwegen machte er in Russland Halt und hielt erneut um Elisabeths Hand an. Die Reichtümer, die er erworben hatte, überzeugten Jaroslaw, dass Harald einer Prinzessin würdig sei, und er gab dem Paar seinen Segen. Ein Dichter feierte das Ereignis mit überschwänglichen Worten:

Agdirs kühner König [Harald]
Kor Sipp', wie's ihm lieb war. [wählte die ihm liebste Braut]
Tüchtig Gold und die Tochter [Gold und Tochter]
Traun er bekam des Herrschers. [vertraute Jaroslaw ihm an]

Harald war noch kein König, aber er war auf dem besten Wege, es zu werden. Er segelte nach Schweden, wo er mit Svein Ulfsson, einem Cousin Elisabeths, der gern selbst König werden wollte, ein Bündnis einging, danach eine gewaltige Kriegsflotte ausrüstete und dann König Magnus derart unter Druck setzte, dass dieser schließlich einwilligte, den Thron mit dem lästigen Verwandten zu teilen. Als Magnus 1047 starb, wurde Harald alleiniger Herrscher, aber er war keineswegs unangefochten. Wie immer gab es mächtige Männer in Schweden, die dem König das Recht auf Vorherrschaft streitig machten und ihm Widerstand leisteten. Harald bekämpfte und vernichtete solche Herausforderer ohne jeden Skrupel, und einmal erschlug er sogar einen Häuptling, den er zu Friedensgesprächen an seinen Hof eingeladen hatte. Ein Vers, der Harald zugeschrieben wird, lässt vermuten, dass er sich in seiner Rolle als gnadenloser Herrscher gefiel:

Allein Zwei-und-Elfe [dreizehn Feinde]
Ich Hels Reich vermählte, [schickte ich in den Tod]
Gedenk treu der Totschläg' – [ich gedenke aller Toten]
Trieb' selbst mich zum Hieb' an. [und töte ohne Reue]
Es find't sich mit Feindschaft [Verrat muss gerächt werden]
Volks g'nug gegen Trug ab. [mit welchen Mitteln auch immer]

Die größte Herausforderung, der Harald während seiner Herrschaft begegnete, kam jedoch aus dem Ausland. Inzwischen hatten Eroberungen, Bündnisse und Heiratsalliancen die Beziehungen zwischen den herrschenden Familien Norwegens, Dänemarks, Schwedens, Englands und der Normandie ungemein kompliziert, was Harald und anderen ehrgeizigen Königen den Vorwand gab, außerhalb der eigenen Lande nach fremden Kronen zu greifen. Die Könige von Norwegen und Dänemark zum Beispiel beanspruchten seit langem die Herrschaft in ihren gegenseitigen Ländern, und Harald setzte die blutige Tradition fort, indem er sich mit seinem angeheirateten Verwandten und ehemaligen Verbündeten, Svein Ulfsson, der inzwischen Dänemark regierte und Anspruch auf Norwegen erhob, erbitterte Schlachten lieferte. Harald besiegte Sveins Streitmacht in einer großen Seeschlacht des Jahres 1062. Svein selbst entkam, und zwei Jahre später einigten sich die rivalisierenden Könige auf einen unsicheren Pakt, der laut Snorri „die alten Grenzen zwischen den beiden Ländern" bestätigte.

Weder Harald noch seine Krieger legten die Waffen für längere Zeit aus der Hand. König Harald „zog in den Krieg um des Ruhmes und der Macht willen", wie es ein alter wikingischer Häuptling ausdrückte, und von beidem konnte er nicht genug bekommen. Seine letzte große Chance kam im Januar 1066, als in England König Edward der Bekenner starb und der Thron an Harold Godwinson fiel, dessen Herrschaftsanspruch von Wilhelm, dem Herzog der Normandie, bestritten wurde. Auch Harald entschloss sich, die Macht in England anzustreben, wobei ihm sein Bruder Tostig den Rücken stärkte. Harald hoffte, so erfolgreich zu sein wie die Dänen, die zu Beginn des Jahrhunderts den englischen Thron erobert und einige Zeit lang gehalten hatten.

Doch es sollte anders kommen. Harald und seine Krieger waren in England nicht in ihrem Element und wurden bei Stamford Bridge vom Gegner überrascht. Ihre Chancen waren gering. Sie konnten nur Widerstand leisten – und Harold Godwinsons Truppen die schweren Verluste beibringen, die einen knappen Monat später zum Sieg der Normannen bei Hastings beitrugen. Die Schlacht von Stamford Bridge war eine klare Niederlage für Harald Hardradi, der auf dem Schlachtfeld zusammen mit Tausenden seiner Männer fiel, und für den wikingischen Eroberungswillen, für den Harald stand. Mochte die Zeit der Normannen erst noch anbrechen, die Zeit der Nordmänner mit ihren Drachenschiffen und ihrem Terror war zu Ende gegangen, zumindest in England und auf dem europäischen Festland.

DIE KUNST DES SCHIFFBAUS

In den Ländern des Nordens mit ihren zahlreichen Flüssen und Seen, ihren Fjorden *(unten)* und Tausende von Kilometern langen Meeresküsten gehörten Boote natürlich zum täglichen Leben der Menschen. Im 8. Jahrhundert waren die Skandinavier erfahrene Schiffbauer geworden, und als sie das hochseetaugliche Langschiff entwickelt hatten, trieb es sie mit Macht in fremde Länder. Auf das Langschiff, auch Drachenschiff genannt, waren die Wikinger so stolz, dass sie es auf den verschiedensten Objekten (links auf einem Stadtsiegel des 13. Jahrhunderts) abbildeten. Es sollte bald an allen Küsten Europas gefürchtet sein.

DER STOLZE DRACHE

Die Wikinger konnten bereits über 2000 Jahre Erfahrung im Schiffbau zurückblicken, als ihnen der entscheidende Fortschritt gelang: Sie statteten die damals üblichen leichten, wendigen Fahrzeuge mit einem Segel für den Vortrieb, einem kräftigen Mast und einem langen, durchgehenden Kiel für die Stabilität aus; dabei beließen sie den Tiefgang so gering, dass sie weiterhin Flüsse befahren konnten.

Die Langschiffe zeichneten sich durch hochgezogene Vorder- und Achtersteven aus; die längsten waren die Drachenschiffe, mit denen die Skandinavier auf Raub- und Kriegsfahrt gingen. Daneben gab es den Knorr, einen breiteren Schiffstyp mit einem offenen Laderaum in der Mitte, der Siedler und Handelsgüter an ihre Bestimmungsorte brachte. Anders als das Langschiff, das seitliche Ruder hatte und deshalb besonders manövrierfähig war, lief der Knorr hauptsächlich unter Segel; Ruder gab es nur an Bug und Heck.

Unter der Aufsicht eines Schiffbaumeisters arbeiteten vorwiegend Fachleute, zum Beispiel solche, die sich mit der Wahl der richtigen Bäume als Baumaterial auskannten. So brauchte man für den durchgehenden Kiel und die Beplankung hohe, ganz gerade gewachsene Eichen, während man für geschwungene Teile Bäume mit entsprechendem Krummwuchs fällte. Großen Anteil an der Eleganz der Schiffe hatten die Künstler, die sie mit Bandornamenten, Drachenköpfen und anderem Dekor versahen.

Bandornamente und eine aufgerollte Schlange schmücken den Bug dieses Wikingerschiffs aus dem 9. Jahrhundert, das im norwegischen Oseberg entdeckt wurde. Wie üblich, sind die Schiffsplanken in Klinkerbauweise überlappend aufgenagelt.

Ein Holzfäller holt mit der Axt zum Schlag aus, während ein Zimmermann rittlings über einer in eine Astgabel geklemmten Planke steht und sie mit einer T-förmigen Axt zurichtet *(rechts)*. Unten wird der Rumpf mit Bohrer und Handaxt bearbeitet. Diese Ausschnitte aus dem Wandteppich von Bayeux dürften Arbeitsgänge des wikingischen Schiffbaus recht gut wiedergeben.

Auf einem um das Jahr 700 entstandenen Bildstein auf Gotland befindet sich dieses Wikingerschiff mit rautenförmig gemustertem Segel, das die Wogen durchschneidet. Während der Steuermann das Schiff mit einem langen seitlichen Ruder auf Kurs hält, kümmern sich andere an Bord um die Stellung des Segels.

Wikingerschiffe mit Drachenköpfen und Windfahnen sind in den Knochen oben geritzt. Rechts zu sehen ist eine ähnliche Windfahne aus vergoldeter Bronze, die aus dem 11. Jahrhundert stammt. Der Drachenkopf war nicht nur ein dekoratives Element, sondern auch dazu gedacht, den Feind einzuschüchtern. Die Windfahne diente dazu, das Segel optimal einzustellen.

WIND UND SEGEL

Wenn der Wind auf See böig auffrischte oder Regen einsetzte, wurde die Handhabung der großen, rechteckigen Segel aus Wollgewebe ausgesprochen schwierig: Sie sogen sich voll Wasser und waren dann noch schwerer als ohnehin schon. Den norwegischen König Eystein zum Beispiel kostete es das Leben, als das Segel eines neben ihm laufenden Schiffes ausschwang und ihn von Bord fegte. Trotzdem war das Segel, das oft rote Streifen oder Rautenmuster trug, der ganze Stolz der Seefahrer. Der Anführer eines Geschwaders weigerte sich sogar, seine Fahrt vor einer fremden Küste fortzusetzen, solange er keinen günstigen Wind hatte, der sein Segel weithin sichtbar aufblähte.

Die Wikinger segelten meist an den Küsten entlang und navigierten nach Landmarken. Auf hoher See dagegen halfen sie sich vermutlich mit einfachen Instrumenten zur Kursbestimmung, wobei der Stand der Sonne und der Sterne, die Richtung des Windes, das Muster der Wellen, die Farbe und Temperatur des Wassers sowie das Vorkommen bestimmter Meerestiere und Seevögel ihnen die wichtigsten Orientierungsdaten lieferten. Gleichzeitig vertrauten sie darauf, dass ihre seemännische Erfahrung sie sicher wieder nach Hause bringen würde, wann immer sie ins Unbekannte vorstießen.

DIE REITER DER WOGEN

Das offene Deck des Wikingerschiffs bot kaum Schutz vor den Elementen. Sogar Felle und ölgetränkte Lederkleidung konnten Wind, Regen und Spritzwasser nur unzureichend abhalten, so dass wikingische Seeleute Kälte und Nässe äußerst unangenehm zu spüren bekamen – jedenfalls bis zum Abend. Denn wenn die Wikinger unter Land segelten, liefen sie normalerweise die Küste an, um etwas zu kochen und in Zelten zu übernachten. Auf langen Seereisen jedoch lebten sie vor allem von Stockfisch oder getrocknetem und gesalzenem Fleisch; die Nächte verbrachten sie an Deck, zu zweit in einem Schlafsack – so hielten sie sich warm.

Mochten die Skandinavier auch noch so gute Seeleute sein – es waren nicht wenige Schiffe und Männer, die nicht heimkehrten. Viele Seeleute starben an den Folgen von Kälte und Nässe, andere gingen mit ihren Schiffen unter. Aber die Seefahrt lag den Wikingern im Blut. Wenn sie die langen Wintermonate zu Hause verbracht und genutzt hatten, um ihre Schiffe instand zu setzen, konnten sie es im April kaum erwarten, wieder aufzubrechen. Sie „leben im Meer“ schrieb ein Chronist des Mittelalters über die Dänen – doch das galt für alle, die an Wikingerfahrten teilnahmen.

An Deck eines Schiffes aus dem norwegischen Gokstad liegen, vom Platz des Steuermanns gesehen, eine Laufplanke *(unten rechts)* und mehrere Ruder *(links)*. Mittschiffs hinter dem Mast sieht man die Arme einer T-förmigen Gabelstütze, die möglicherweise zum Ablegen des Segels diente.

Um Wasser aus dem Rumpf zu schöpfen oder zu „ösen", nahm man ein „Ösfass" *(links)*. Aus Sagadichtungen wissen wir, dass bei schlechtem Wetter fast ebenso viele Seeleute Wasser ösen wie rudern mussten.

Einen harten Kampf führen hier nordische Siedler, um ihr Schiff durch einen Sturm zu bringen. Das Segel ist gebläht, Wasser läuft über den Bordrand. Der Steuermann hat alle Mühe, das Schiff auf Kurs zu halten, während die Mannschaft Wasser schöpft.

„Vom Winde beflügelt,

durchflog seinen Weg

das Schiff wie ein Vogel,

das schaumhalsige ...

... flutumbrandete Vorgebirge,

ragende Felsen.

Erreicht war das Ziel

der weiten Reise."

–Beowulf

Ein originalgetreu nachgebautes Wikingerschiff aus Dänemark, hinter dem rot glühend die Sonne untergeht, reckt stolz den drachengeschmückten Bug aus dem Wasser.

KAPITEL DREI

ÜBER DEN NORDATLANTIK

Die nebelverhangenen und windgepeitschten Küsten der Färöer-Inseln, an denen sich wikingische Siedler niederließen, bildeten den Ausgangspunkt für die nach Westen gerichtete Expansionswelle, die die Nordmänner im 9. Jahrhundert nach Island führte. Auf den Färöer und auf Island konnten die Neusiedler ihr nordisches Erbe für eine lange Zeit unverfälscht bewahren.

Ingolf und Leif, die beiden Ziehbrüder, standen am Bug ihres kleinen, sturmerprobten Schiffes und blickten wie gebannt auf die große Insel, die vor ihnen lag. Sie und ihre Besatzung hatten eine bewegte, über 1100 Kilometer lange Fahrt über den Nordatlantik hinter sich, und nun endlich waren sie kurz vor ihrem Ziel. Ein frischer Wind blähte das rechteckige Segel über ihren Köpfen und trieb sie auf die Ostküste der Insel zu, die sie mit ihren vergletscherten Fjorden an das heimatliche Norwegen erinnerte. An den Hängen wuchs hohes, saftig grünes Gras, in dem verstreut Birkengestrüpp und niedrige Wacholderbüsche standen. Hinter den einladenden Hügeln aber ragten, weiß von Schnee und brodelnd im Inneren, unwirtlich kahle Vulkankegel auf.

Feuer und Eis bildeten ein labiles Gleichgewicht, das jedoch, wie die Neuankömmlinge feststellten, vielfältiges Leben ernährte. Bei der Einfahrt in einen der Fjorde bemerkten sie Seehunde, die auf der Jagd nach Lachs und Hering elegant durch das Wasser schossen. In der Luft kreisten wendige Seevögel; andere nisteten an den nahen Klippen. Angenehm überrascht warfen die Männer den Anker aus und betraten festen Boden. Keine Menschenseele empfing sie, denn die Insel war unbewohnt, bis auf ein paar irische Mönche, die in der rauen Abgeschiedenheit als Einsiedler lebten. Vielleicht vernahmen die Norweger ja das Grollen der fernen

Vulkane, vielleicht fühlten sie sogar, wie unter ihnen warnend die Erde bebte. Doch in ihrer Absicht ließen sie sich nicht beirren.

Widersprüchliche Berichte waren alles, woran sich die Anführer der Expedition, Ingolf Arnarson und Leif Hrodmarsson, orientieren konnten, als sie zu der fernen Insel aufbrachen. Zehn Jahre oder mehr war es her, dass – um 860 – ein Norweger namens Naddod und ein Schwede namens Gardar mit ihren Schiffen unabhängig voneinander die Küste gesichtet hatten, nachdem sie in stürmischem Wetter vom Kurs abgekommen waren. Wenige Jahre nach dieser zufälligen Entdeckung kam ein anderer verwegener Norweger nach Island. Er hieß Floki und trug den Beinamen Rabe, weil er auf seinen Seereisen immer Vögel an Bord hatte, die ihm die Richtung zum Land wiesen. Floki, der mit Familie und Gefolge einen entbehrungsreichen Winter auf der Insel verbrachte, gab ihr auch ihren Namen: Eisland oder Island. Als der Sommer kam, setzte Floki Segel, durch und durch enttäuscht – was einen seiner Begleiter jedoch nicht daran hinderte, Island als ein Land des Überflusses zu beschreiben, in dem „von jedem Grashalm Butter tropfte". Möglicherweise dachte der Mann dabei an die Kühe, die auf den grünen Hänge grasen konnten, und an die Milch und die Butter, die sie liefern würden. Jedenfalls weckte seine Behauptung große Hoffnungen. Wer, wie Ingolf, Leif und andere, wagemutig und auf der Suche nach einer neuen Heimat war, griff die Idee begierig auf. Und ein neues Leben – das wollten die beiden Brüder beginnen, denn sie hatten in der Heimat zwei Häuptlingssöhne umgebracht, von denen der eine Helga, Ingolfs Schwester und Leifs Verlobter, schöne Augen gemacht hatte. Um dem Vater des Getöteten den Verlust zu ersetzen, hatten sie ihm ihr Land übereignen müssen. Danach gab es für sie keine andere Wahl, als sich auf die Suche nach dem unbekannten Island zu machen.

Anders als Floki planten Ingolf und Leif, das Land erst gründlich zu erkunden, bevor sie ihre Familien nachholten. Diese erste Fahrt, so heißt es in der isländischen Chronik der Landnahme, diente lediglich der Feststellung, ob ein Leben auf Island überhaupt möglich war. Also bauten sie eine Unterkunft für sich und ihre Besatzung und verbrachten einen Winter in den eisigen Breitengraden. Zu ihrem Glück gab es warme Meeresströmungen, die milde Tage brachten, mochten auch sonst die Winde heulen und Schneefälle das Land unter einer weißen Decke begraben. Als der Frühling nahte und Berge und Wiesen ein frisches grünes Kleid anlegten, schienen die Aussichten auf einen Neuanfang so hell wie das Nordlicht, das am Nachthimmel flackerte.

Die Entscheidung war gefallen. Die Brüder fuhren nach Norwegen zurück, wo Ingolf mit beiden Familien die Auswanderung vorbereitete, während Leif auf Wikingerfahrt nach Irland ging, um alles zusammenzurauben, was ihnen den Anfang in der Fremde erleichtern konnte. Ein großes Schwert, das ihm dabei in die Hände fiel und ihm bei weiteren Plünderungen gute Dienste leistete, verlieh ihm seinen neuen Namen: Hjorleif oder Schwert-Leif. Bevor er die Rückfahrt antrat, nahm er noch zehn Iren gefangen und trieb sie als Sklaven auf sein Schiff. Dass weder sie noch der Rest der Beute ihm Glück bringen würden, konnte er zu diesem Zeitpunkt noch nicht wissen.

Ein robustes wikingisches Handelsschiff durchpflügt auf dieser Illustration aus einem isländischen Gesetzeskodex die hohen Wellen. Der Knorr, wie man diesen Schiffstyp nennt, war kürzer und breiter als das lange, schlanke Drachenschiff und lag tiefer im Wasser, so dass es in der Dünung weniger rollte. Während das Langschiff ein Kriegsschiff war, diente der Knorr einerseits als Transportschiff für Siedler und ihr Vieh und andererseits als Handelsschiff, das lebensnotwendige Versorgungsgüter nach Island und zu anderen abgelegenen Wikingerkolonien brachte.

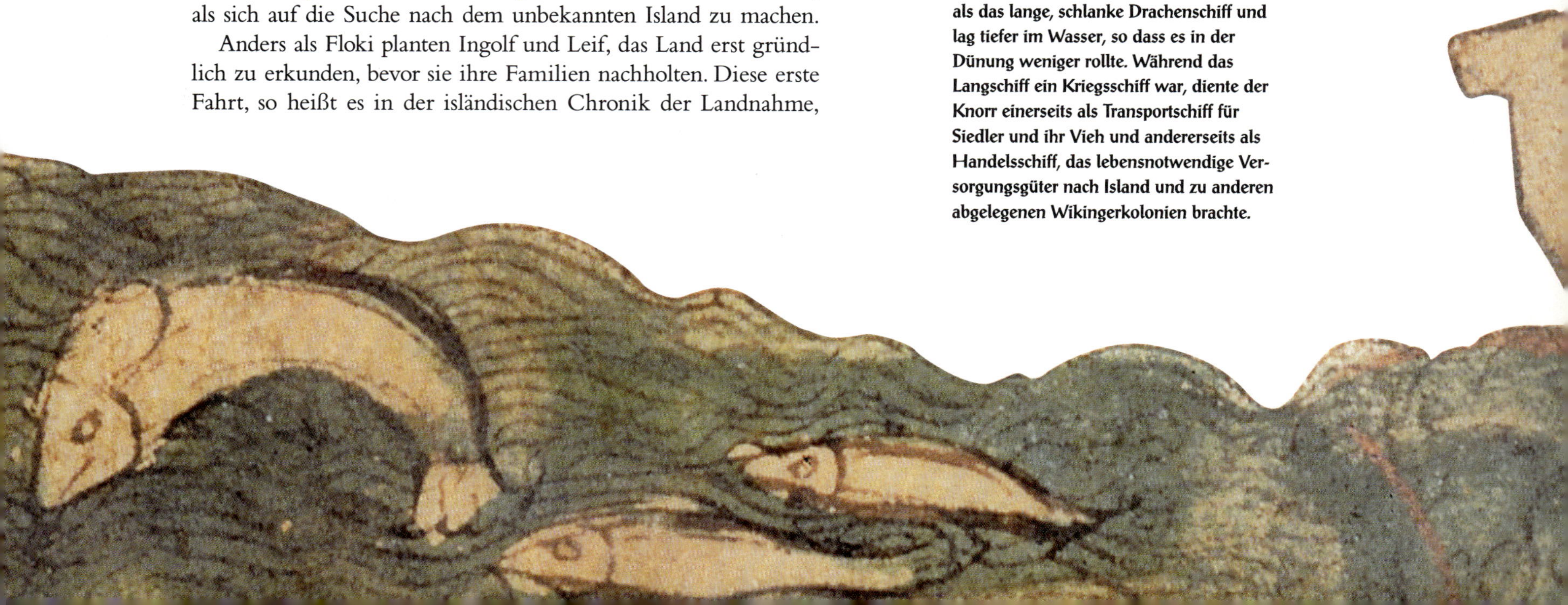

Hjorleif wurde schon erwartet, als er nach Norwegen zurückkehrte, und so bestiegen er und Ingolf zusammen mit ihren Ehefrauen, den Verwandten, Sklaven und einigen freien Bauern aus der Nachbarschaft zwei Schiffe und stachen in See. Ingolf hatte den gesamten Hausstand und das Vieh geladen, während Hjorleif sein irisches Raubgut an Bord hatte. Und da Hjorleif ein selbstbewusster Mann der Tat und nicht des Gebetes war, dachte er gar nicht daran, bei der Abfahrt die Götter mit Opfern um gutes Gelingen zu bitten. Ingolf dagegen glaubte an die Hilfe des Himmels: Er brachte Thor Gaben dar und nahm die heiligen, mit Bildern der Götter geschmückten Pfosten des Hochsitzes, der in seiner Halle stand, mit auf das Schiff.

Als die Schiffe die Südostküste Islands erreichten, warf Ingolf die Pfosten über Bord und gelobte, sich an der Stelle niederzulassen, an der die Götter sie an Land tragen würden. Danach trennten sich die beiden Gruppen der Seefahrer. Ingolf ging an Land und begab sich auf die Suche nach den Pfosten. Hjorleif nutzte den Wind und ließ sich weiter nach Westen tragen. Er und seine Mannschaft verbrauchten das gesamte Trinkwasser, das sie mitgenommen hatten, und sie wären fast verdurstet, hätte sie nicht ein ergiebiger Regenguss gerettet, bei dem sie genügend Wasser im Segel auffingen. Hjorleif landete schließlich nahe der Südspitze Islands, weit von Ingolf entfernt. Er und seine Leute ließen sich standesgemäß nieder: Sie bauten zwei große Hallen von jeweils mehr als 30 Meter Länge, in denen sie gut geschützt den ungemütlichen isländischen Winter verbrachten.

Als der Frühling kam, wollte Hjorleif die Erde umpflügen, doch er hatte nur einen Ochsen – mehr hatten neben dem Beutegut beim Aufbruch nach Island keinen Platz an Bord gehabt. Um eine Lösung nie verlegen, spannte er neben dem Zugtier seine irischen Sklaven ein. Die Iren aber waren stolze Männer; wie Tiere behandelt zu werden verstieß gegen ihre Ehre. Sie schmiedeten ein Komplott gegen ihren Herrn, töteten den Ochsen und berichteten Hjorleif, ein hungriger Bär habe das Tier erlegt. Sie waren sich ziemlich sicher, dass er ihnen glauben und die Gefahr nicht scheuen würde, dem vermeintlichen Räuber nachzujagen. Als Neuling in dem Land konnte er schwerlich wissen, dass es in Island außer vereinzelten Eisbären, die hin und wieder auf Eisschollen vor der Nordküste auftauchten, keine Bären gab. Und tatsächlich gingen Hjorleif und seine Männer los, um das Phantom zu jagen. Sie

trennten sich, um ein größeres Gelände abzusuchen, und schon bald wurden die Jäger zu Gejagten. Denn die in ihrer Würde tief gekränkten Sklaven folgten ihnen und brachten einen nach dem anderen um. Dann brachten sie die Gemahlin ihres toten Herrn in ihre Gewalt sowie alle anderen Frauen und flüchteten auf eine kleine Insel vor der Küste.

Ihr Verbrechen blieb nicht unentdeckt. Irgendwann stießen Ingolfs Gefährten, die sich noch immer auf der Suche nach den verschwundenen Hochsitzpfosten befanden, auf die Leiche Hjorleifs. Allen war klar, was geschehen war. „Es ist ein trauriges Ende für einen tapferen Mann", beklagte Ingolf den würdelosen Tod seines Bruders, „wenn Sklaven seinem Leben ein Ende machen." Aber er konnte auch nicht umhin, dem Erschlagenen vorzuwerfen, dass er seinen Tod durch Missachtung der Götter selbst verschuldet hatte. Denn so mussten jene enden, glaubte er, die „nicht bereit waren, Opfer zu bringen". Ingolf und seine Leute bestatteten die Toten und folgten den Spuren der Mörder. Sie fanden die nichtsahnenden Missetäter, während sie aßen und tranken, und töteten einige von ihnen auf der Stelle. Die anderen fielen vor Entsetzen vom Rand einer Klippe und stürzten in den Tod. Ingolf befreite die Frauen, die die Sklaven entführt hatten, und bot ihnen an, bei ihm zu bleiben. Dann setzte er die Suche nach dem von den Göttern bestimmten Siedlungsort fort.

Als zwei von Ingolfs Sklaven, Vifil und Karli, die heiligen Pfosten des Hochsitzes schließlich in einer Bucht weit im Westen Islands fanden, zögerte Ingolf nicht, sein Versprechen einzulösen und an Ort und Stelle eine Siedlung zu errichten. Dabei sah die Gegend in keiner Weise aus wie ein Geschenk der Götter. Vulkankrater überragten eine vegetationslose, öde Lavaebene. Von Zeit zu Zeit zog dichter Nebel auf, der sich vom Meer her über das Land schob und mit den Dämpfen aus Geysiren und heißen Schwefelquellen vermischte. Ingolf nannte den Ort, der eines Tages Islands Hauptstadt werden sollte, Reykjavik, „rauchige Bucht".

Nicht alle Begleiter Ingolfs waren mit seiner Ortswahl einverstanden. „Zu unserem Schaden sind wir an gutem Land vorbeigezogen", beschwerte sich Karli und machte sich wenig später zusammen mit einer Sklavin auf und davon. Andere respektierten die Entscheidung ihres Anführers und blieben bei ihm. Zu denen, die an Ingolf glaubten, gehörte auch der Sklave Vifil; er erhielt von seinem Herrn die Freiheit und gründete seinen eigenen Haushalt. Vifil lebte „viele lange Tage", berichtet die Chronik, geehrt und geachtet „als ein vertrauenswürdiger Mann".

Ein Gletscher in Südostisland befördert schwarze Vulkanasche zum Meer. Dies war die eine Seite des Gesichtes, mit dem das „Land aus Feuer und Eis" die wikingischen Emigranten empfing; die andere waren geschützte Fjorde und grüne Täler, die zum Siedeln einluden.

Willenskraft und Zuversicht – zwei Eigenschaften, die Männer wie Ingolf und Leif besaßen – zeichneten auch die ganze neue Kolonie aus. Man hielt zusammen und achtete Gesetz und Tradition. Neben diesen Charakteristika lebte in der isländischen Gesellschaft auch der wilde Geist von Männern wie Karli und Hjorleif fort, ihre herausfordernde Unabhängigkeit, die sich gegen Einschränkungen auflehnte und rücksichtslos eigene Wege verfolgte. Diese Aufsässigkeit, ein bestimmender Faktor in der ganzen Welt der Wikinger, hatte Folgen: Sie säte Streit und Unfrieden, aber sie war auch die Triebfeder für neue Wagnisse nordischer Abenteurer, die nicht selten Gesetzesbrecher waren. Diese Männer drangen weiter nach Westen und an die Küsten der Neuen Welt vor.

Im Verlauf der nächsten 60 Jahre folgten viele Wikinger Ingolfs Beispiel und überquerten das Nordmeer, um sich in Island niederzulassen, und es dauerte nicht lange, bis die Insel nahezu 20 000 Einwohner hatte. Unter den Neuen befanden sich einige, die vor Harald Schönhaar geflohen waren, der gerade Norwegen unter seine Herrschaft brachte und keinen Widerstand duldete. Die überwiegende Mehrheit der Zuwanderer aber hatte die reine Not dazu getrieben, ihre Heimat zu verlassen, denn auf Grund der wachsenden Bevölkerung war es in einigen Regionen wie zum Beispiel an der Südwestküste Norwegens eng geworden. Sie kamen, um Land zu erschließen und ein neues Leben zu beginnen. Auch aus anderen Teilen Skandinaviens zog es Siedler nach Island, die sich im Lauf der Zeit mit der norwegischen Mehrheit auf der Insel vermischten.

Island hatte seine Vorzüge, aber es war gewiß kein Gelobtes Land und schon gar kein Ort, an dem die Siedler vor den Problemen der Vergangenheit sicher gewesen wären. Im Gegenteil. Während die Emigrationswelle und ausländische Eroberungen im norwegischen Ursprungsland Spannungen abbauten, tauchten eben diese Spannungen durch die Zuwanderung in Island wieder auf, und zwar in verschärfter Form. Denn allmählich wurde das Land für die Siedler und ihre wachsenden Familien knapp, und junge, rastlose Wikinger suchten vergeblich nach einem Ventil für ihre überschüssige Energie. So kam es, dass einige wieder aufbrachen und nach langer, gefahrvoller Fahrt auf dem europäischen Festland „wikingerten“, während andere irgendwo im weiten Meer nach neuen, unbekannten Territorien Ausschau hielten. Die meisten Isländer aber hatten keine andere Wahl, als die zunehmende Enge zu ertragen und ihre Frustration an Nachbarn auszulassen. So entstanden zwischen den Sippen Konflikte, die

Szenen aus einem isländischen Kodex. *Unten:* die Aufteilung eines gestrandeten Wals zwischen dem Finder und dem Besitzer des Landes, auf dem er angelandet ist. *Rechts:* die Hinrichtung eines Schafdiebes, dessen Vergehen schwerer bestraft wurde als Mord.

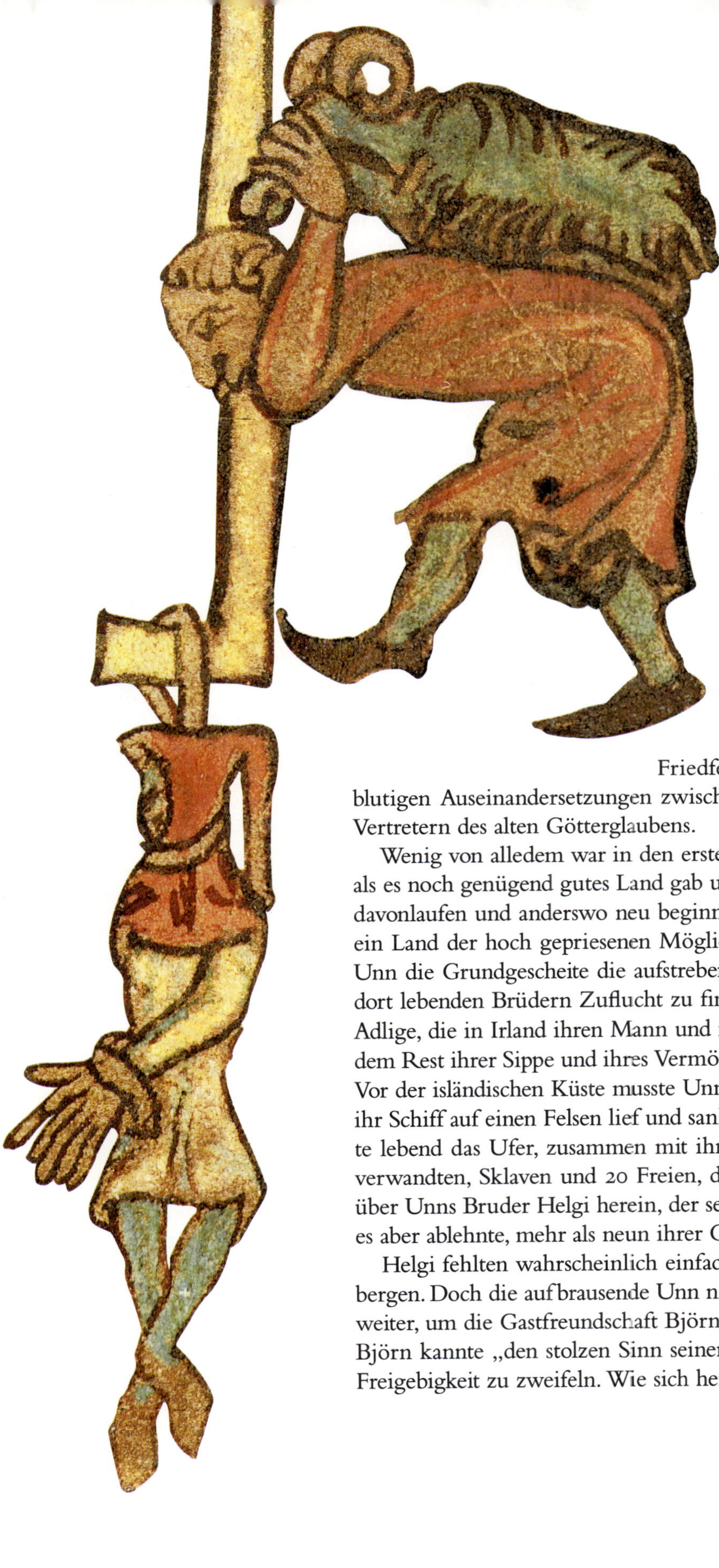

an Dauer und Grausamkeit den Blutfehden in der alten Heimat in nichts nachstanden.

An Gründen zu kämpfen hatte es den Wikingern noch nie gefehlt. Meistens ging es um Land oder Vieh, aber in Island förderte noch ein weiterer Umstand den Unfrieden: Da die Isländer nichts so fürchteten wie einen Alleinherrscher, fehlte im Land eine übergeordnete Autorität, und die Häuptlinge hatten freie Hand, ihre Muskeln spielen zu lassen und blutige Rachefeldzüge gegeneinander zu führen. Nirgendwo sonst nahmen die Wikinger die altehrwürdige Tradition des Thing so ernst wie auf Island. Zwar gab es Gesetze und die Ahndung von Gesetzesbrüchen, aber der Vollzug der Urteile und Beschlüsse blieb den betroffenen Parteien selbst überlassen, und der leidenschaftliche Gerechtigkeitssinn und der tief verwurzelte Rachegedanke provozierten nicht selten ein neues Aufflammen der Gewalt. Selbst der Einzug des Christentums, das Friedfertigkeit unter den Menschen predigte, führte zu blutigen Auseinandersetzungen zwischen den Anhängern der neuen Religion und den Vertretern des alten Götterglaubens.

Wenig von alledem war in den ersten Jahrzehnten der Siedlungsgeschichte zu spüren, als es noch genügend gutes Land gab und Unzufriedene wie Ingolfs Sklave Karli einfach davonlaufen und anderswo neu beginnen konnten. Folgt man einer Saga, so blieb Island ein Land der hoch gepriesenen Möglichkeiten bis zum Beginn des 10. Jahrhunderts, als Unn die Grundgescheite die aufstrebende Kolonie erreichte, um bei ihren bereits länger dort lebenden Brüdern Zuflucht zu finden (Unn war jene bemerkenswerte norwegische Adlige, die in Irland ihren Mann und in Schottland ihren Sohn verlor, bevor sie sich mit dem Rest ihrer Sippe und ihres Vermögens auf die Reise über den Nordatlantik machte). Vor der isländischen Küste musste Unn noch einen weiteren Rückschlag hinnehmen, als ihr Schiff auf einen Felsen lief und sank. Aber sie war an Unglück gewöhnt und erreichte lebend das Ufer, zusammen mit ihrem umfangreichen Gefolge, bestehend aus Blutsverwandten, Sklaven und 20 Freien, die ihr treu ergeben waren. All diese brachen nun über Unns Bruder Helgi herein, der seine Schwester pflichtschuldigst willkommen hieß, es aber ablehnte, mehr als neun ihrer Gefährten in seinem Haus aufzunehmen.

Helgi fehlten wahrscheinlich einfach die Mittel, um so viele Gäste bei sich zu beherbergen. Doch die aufbrausende Unn nannte ihn „armselig" und zog mit ihrer Entourage weiter, um die Gastfreundschaft Björns, ihres anderen Bruders, in Anspruch zu nehmen. Björn kannte „den stolzen Sinn seiner Schwester" und gab ihr keinen Grund, an seiner Freigebigkeit zu zweifeln. Wie sich herausstellte, brauchte er die Besucher nicht lange zu

bewirten. Unn war nicht nach Island gekommen, um abhängig zu sein, sondern nahm so viel Land in Besitz, „wie es ihr beliebte", und unterteilte es in Parzellen, die sie an ihre Gefolgsleute verteilte. Zu den Beschenkten gehörten auch die Sklaven, die sie in die Freiheit entließ – ein kluger Schachzug, mit dem sich diese ungewöhnliche Frau Loyalität verschaffte und ihre Stellung als Oberhaupt eines großen Clans sicherte.

Als die unbeugsame Unn schließlich starb, beendete sie ihr Leben, wie sie es gelebt hatte. Nachdem sie für ihren Enkel eine Frau aus guter Familie gefunden hatte, gab sie anlässlich seiner Vermählung ein großes Fest, bei dem sie den Gästen mitteilte, dass sie ihr Haus und ihr Land dem Bräutigam zum Geschenk mache. Sie forderte die Anwesenden auf, nach Herzenslust zu trinken und sich zu vergnügen. Dann zog sie sich würdevoll zurück. Am nächsten Morgen fand man sie tot, aber aufrecht sitzend in ihrem Bett. Unn wurde, wie es sich für eine adlige Wikingerin geziemte, in einem Schiffsgrab mit einem Teil ihres Gutes beigesetzt – man darf vermuten, dass die Grabbeigaben mehr als ausreichend waren, um ihr eine angenehme Reise in die nächste Welt zu gestatten.

Unn mag in der glücklichen Lage gewesen sein, so viel Land zu nehmen, wie sie für sich und ihre Leute brauchte. Doch das war keineswegs die Regel für die, die um die gleiche Zeit wie sie oder später einwanderten. Island war groß, größer als Irland, aber weite Teile des Landes waren unbewohnbar. Rund drei Viertel der Oberfläche bedeckten Torfmoore, Gletscher, Moränen, Vulkane und Lavaströme – ideale Wohnorte für Trolle und Riesen, aber von

geringem Nutzen für gewöhnliche Sterbliche. Die Siedler, die früh kamen, nahmen sich einen Großteil dessen, was an gutem Land vorhanden war. Nachzüglern blieb nichts anderes übrig, als sich ihren Anteil mit Gewalt anzueignen.

Die Kämpfe um Landbesitz nahmen laut Aussage einer Chronik ein solches Ausmaß an, dass die Isländer Anfang des 10. Jahrhunderts ihren Stolz überwanden und den viel geschmähten Herrscher Norwegens, Harald Schönhaar, um Vermittlung baten. Dieser erließ eine Verfügung, nach der es einem Mann gestattet sein sollte, so viel Land zu besitzen, wie er an einem Tag mit einer brennenden Fackel in der Hand umlaufen konnte. Bei einer Frau beschränkte sich der Landbesitz auf die Fläche, die sie mit einer zweijährigen Kuh am Halfter an einem Tag abzuschreiten in der Lage war.

Bald gab es nichts mehr, worum Siedler hätten kämpfen können. Um 930 war die Landnahme abgeschlossen. Zu dieser Zeit waren aber nicht nur Grund und Boden knapp geworden. Auch die Wälder aus strauchigen Birken und immergrünen Büschen, die auf die Pioniere so anziehend gewirkt hatten, waren inzwischen der Axt zum Opfer gefallen. Zum Feuermachen gab es nur noch Treibholz oder Schafdung. Hartholz für den Haus- oder Schiffbau, wie zum Beispiel hohe, kräftige Eichen oder Ulmen, hatte es ohnehin nie gegeben – nur ein paar andere Holzsorten, aus denen die ersten Siedler ihre Häuser errichten. Andere nahmen Torf und Stein und bauten daraus Hallen, die bis zu 30 Meter lang waren und mit meterdicken Erdwänden guten Schutz gegen die Kälte boten. Die Dächer bedeckten ausgestochene Grassoden mit dichtem Bewuchs. Was jedoch den Schiffbau betraf, so mussten die Isländer dafür geeignetes Holz aus dem Ausland einführen, ebenso wie Mehl und Malz, weil sie das vorhandene Land in erster Linie als Weideland nutzten und nicht genug Getreide für ihren eigenen Bedarf anbauten. Schiffe aus Norwegen brachten darüber hinaus Eisen, Leinen, Wachs, Zinn und Gefäße aus Speckstein, Waffen, Schmuck und andere Gebrauchs- und Luxusgegenstände – alles Waren, für die die Isländer viel Geld hinlegen mussten.

Irgendwann ging den Siedlern das Silber aus, mit dem sie die importierten Waren bezahlten. In der Folgezeit boten sie Kauffahrern, die an ihre Küsten kamen, Waren zum Tausch an, darunter Schaffelle, Vieh, Falken, Schwefel, Milchprodukte und einen groben Wollstoff, den

In Island war Holz knapp. Deshalb bauten die Isländer ihre Langhäuser aus Flechtwänden, die auf Steinfundamenten errichtet wurden, und versahen sie mit einem grasbewachsenen Erddach, wie diese nachgebaute Anlage zeigt. In einem Seitenanbau wurde Milch verarbeitet, der andere diente als Baderaum. Die Bewohner verbrachten die Winter im Haus. Holz verwendeten sie vor allem, um daraus Gegenstände wie diesen Deckelkrug zu schnitzen.

sie Vadmál nannten. Dieser begehrte, selbstgewebte Stoff wurde – in Ellen abgemessen – zum Zahlungsmittel, wobei eine Elle einem bestimmten Wert in Silber entsprach. Damit ausländische Händler nicht einen isländischen Käufer gegen einen anderen ausspielen konnten, wurden drei Isländer bestimmt, die bei der Landung eines Schiffes die Preise für die an Bord befindlichen Waren festsetzten.

Dies war nur eine von zahlreichen Maßnahmen, mit denen die Isländer Ordnung in ihre streitbare Gesellschaft zu bringen versuchten. So sehr sie einerseits eine übergeordnete Macht hassten, so sehr verabscheuten sie andererseits Verstöße gegen die Gesetze. Ihr Ziel war es, wie sich ein Landbesitzer ausdrückte, „frei von Königen und Verbrechern“ zu sein. Für die Aufrechterhaltung der Ordnung sorgten ortsansässige Häuptlinge, von denen einige gleichzeitig den Titel eines Priesters oder Goden annahmen. In dieser Eigenschaft hielten sie bei den Heiligtümern, die sie unterhielten, Gericht ab, eine Praxis, die es ihnen gestattete, ihren Urteilen so etwas wie göttliche Autorität zu verleihen

Die regionalen Gerichte waren nicht befugt, Streitigkeiten zu entscheiden, die Gebietsgrenzen überschritten. Für solche größeren Fälle, in die Häuptlinge und Sippen verschiedener Regionen verwickelt waren, wurde eine höhere Instanz geschaffen, die auf den altbewährten kommunalen Things der Wikinger beruhte. Die Isländer gründeten vier regionale Räte, die sie Viertelthings nannten, sowie eine höchste Versammlung aller Freien des Landes, das sogenannte Althing. Das Althing tagte jeweils im Sommer zwei Wochen lang an einem Ort namens Thingvellir nahe Reykjavik und entschied in Angelegenheiten, die die Kompetenz der übrigen Institutionen überschritten.

Mittels dieser bemerkenswerten Versammlung – die eine Art Parlament darstellte – gaben sich die Isländer gewissermaßen die Verfassung einer Republik, eines Freistaates, wie es ihn weder in Skandinavien noch in den anderen europäischen Ländern gab, die die Wikinger von ihren Reisen kannten. Das einzige bezahlte Amt dieser Republik war das des Gesetzessprechers, das ein mächtiger Häuptling innehatte, der von den anderen Vertretern seines Standes für eine Amtszeit von drei Jahren gewählt wurde. Seine Aufgabe bestand darin, bei den Versammlungen die Gesetze des Landes vorzutragen, die auf skandinavischen Vorbildern beruhten, aber den besonderen Verhältnissen Islands angepasst waren. Der Sprecher verfügte lediglich über eine moralische Autorität. Ihm unterstanden keine Exekutivkräfte, die die Bestrafung von Gesetzesbrechern vornahmen. Die Macht ruhte weiter in den Händen der Häuptlinge, denen die freien Bauern ihres Distrikts durch Treueeid verbunden waren. Obwohl die Häuptlinge oft versuchten, Konflikte durch Vermittlung oder auf Versammlungen zu lösen, waren sie auch bereit, ihren Willen mit Hilfe ihrer bewaffneten Anhänger durchzusetzen.

Doch es waren nicht nur die Häuptlinge, die Unruhe verursachten. Isländer aller Schichten hatten ein gespaltenes Verhältnis zu den Urteilen des Gesetzessprechers beziehungsweise der Versammlungen, da ihnen sowohl Gesetzestreue als auch Rache als Tugenden galten. Vergleichbar den brodelnden Vulkanen, die das Gesicht ihres Landes prägten, konnten sie ihren Groll manchmal jahrelang nähren, ohne ein Wort darüber zu verlieren. Doch wenn es so weit war, brach er um so heftiger aus ihnen hervor. Für Bluttaten sah das Gesetz eine Reihe von gestaffelten Geldstrafen vor, die gewöhnlich in Silber, manchmal aber auch in Vieh oder Wollstoff zu zahlen waren. Die Skala reichte von einer moderaten Summe für den Mord an einem Sklaven bis zu einem hohen Betrag für die Ermordung eines bedeutenden Landbesitzers, zahlbar jeweils

„Es dürfte dir schwer fallen, all den Schaden wieder gut zu machen, den Hallgerd anrichten wird.“

an die Sippe des Getöteten. Gesetzesbrecher, deren Handlungen eine Gefahr für Leib und Leben ihrer Nachbarn darstellten, wurden geächtet, wobei die Dauer der Friedlosigkeit zwischen drei Jahren und lebenslänglich variierte. Diese unblutigen Strafen sollten weiteres Blutvergießen verhindern, denn selbst die Tötung eines geständigen Mörders verlangte Rache. Andererseits war eine Strafe oder die Ächtung eines Verbrechers durchaus nicht immer geeignet, die Sippe des Opfers zu besänftigen, so dass die dann folgenden Vergeltungsakte zwangsläufig in einen niemals endenden Teufelskreis der Blutrache führten.

Den Konflikt zwischen Gesetzestreue und der Pflicht zur Rache illustriert die *Njála,* die Saga von Njal, eine isländische Geschichte tragischer Ereignisse, die sich im ausgehenden 10. und beginnenden 11. Jahrhundert zutrugen. Der Held der Saga, ein weiser, friedlicher Mann namens Njal, bemühte sich nach Kräften, keinen Keil zwischen sich und

Auf diesem Gemälde aus dem 19. Jahrhundert sieht man Häuptlinge und ihr Gefolge beim Althing, der Volksversammlung Islands. Der Gesetzessprecher, der in der Mitte auf dem Felsen steht, trägt den Gesetzeskodex des Landes vor.

seinen gerechtigkeitsliebenden, aber impulsiven Freund Gunnar treiben zu lassen. Was das Verhältnis zwischen den beiden belastete, war eine blutige Fehde zwischen ihren Ehefrauen, in der andere in beiden Haushalten kräftig mitmischten. Allen Widrigkeiten zum Trotz gelang es Njal und Gunnar lange Zeit, ihre Freundschaft aufrechtzuerhalten. Doch am Ende fielen sie der immer weitere Kreise ziehenden Blutrache zum Opfer.

Der Zwist begann ausgerechnet beim Althing, dem jährlichen Zusammentreffen, bei dem es darum ging, Auseinandersetzungen zwischen streitenden Parteien zu schlichten. Das Althing war nicht nur eine Versammlung der Männer, sondern auch ein gesellschaftliches Ereignis, zu dem viele ihre Frauen und Kinder mitnahmen. Prominente Familien bezogen feste Unterkünfte auf dem Versammlungsgelände; andere schlugen ihre Zelte in der Nähe auf. Am Abend versammelte man sich um wärmende Feuer. Es wurden Geschichten erzählt, Gedichte vorgetragen, zarte Bande geknüpft und Hochzeiten arrangiert.

Zu denen, die in einer solchen lauen Sommernacht ihre Frau kennen lernten, gehörte auch Gunnar, ein gut aussehender junger Adliger von untadeligem Benehmen und überragendem Mut. Gunnar war durch Skandinavien gezogen und hatte an verschiedenen Königshöfen gelebt. Jetzt aber beabsichtigte er, in Island auf eigenem Land ein Gehöft aufzubauen und eine Familie zu gründen. Mit „wachen blauen Augen, roten Wangen, einem edlen Haupt mit dickem, flachsfarbenem Haar" ging er an der Versammlungsstätte auf und ab – eine auffallende Gestalt in prunkvollen Gewändern, die er von einem dänischen König erhalten hatte. Dazu trug er einen goldenen Armreif, das Geschenk eines norwegischen Herrschers.

Keiner der Männer, die zum Althing gekommen waren, konnte sich mit Gunnar messen, so berichtet die Saga, aber unter den Frauen befand sich mindestens eine, die ihm an Aussehen und Auftreten ebenbürtig war. Sie hieß Hallgerd und trug „eine rote, reich geschmückte Tunika unter einem scharlachroten Umhang, der von den Schultern bis zum Saum mit Spitze verziert war". Ihr Haar war so lang und so dicht, dass sie sich „darin verbergen" konnte. Während andere Frauen bescheiden darauf warteten, von dem begehrten Junggesellen Gunnar angesprochen zu werden, richtete Hallgerd kühn das Wort an ihn und bat ihn, von seinen Reisen zu erzählen. Gunnar tat nichts lieber als das, und schon bald war er in ein vertrauliches Gespräch mit der Frau vertieft, die er so gut wie gar nicht kannte. Als er erfuhr, dass sie unverheiratet war und keine Verehrer hatte, war er überglücklich.

„Ist denn keiner gut genug für dich?" zog er sie auf.

„Durchaus nicht", gab sie zurück. „Aber ich bin wohl etwas eigenwillig, was Ehemänner betrifft." Das war milde ausgedrückt. Gunnar fand bald heraus, dass Hallgerd schon zweimal verheiratet gewesen war.

HOHE AUFLAGEN

Isländische Sagas, die zu den großen literarischen Werken des Mittelalters gehören, wurden in dicke, feste Einbände gefasst, wie das Exemplar der Njals-Saga *(Njála)* unten zeigt. Die Texte sind mit einer Feder und pflanzlicher Tinte auf Pergament aus Schafs- oder Kalbsleder geschrieben.

Der Kodex rechts aus dem 13. Jahrhundert und einige andere isländische Handschriften enthielten zwar Illustrationen und dekorative Elemente, waren aber bei weitem nicht so aufwendig illuminiert wie die Werke, die in Europa für Klöster und Paläste angefertigt wurden. Dafür wurden relativ viele Kopien erstellt, was für die Belesenheit der Isländer spricht.

In beiden Ehen war es mit der eigenwilligen Hallgerd zu einem heftigen Streit gekommen, in deren Verlauf die Männer es gewagt hatten, die Hand gegen sie zu erheben. Doch Hallgerd zu schlagen war ein Vergehen, das ihr Ziehvater, der eifersüchtig über ihr Wohl wachte, nicht ungesühnt ließ, sondern umgehend mit Mord beantwortete. Mit dem eifersüchtigen Ziehvater brauchte sich Gunnar nicht weiter zu befassen, denn er hatte erst kürzlich den Tod gefunden, den er verdiente. Aber Hallgerd selbst war eine Herausforderung für jeden Mann. Väterlicherseits, so behauptete sie, stamme sie von Sigurd dem Drachentöter ab, und tatsächlich war sie dem legendären Helden an Entschiedenheit und List durchaus ebenbürtig. Wäre sie als Knabe auf die Welt gekommen, so hätten ihr die Männer ihrer Zeit vermutlich grollend Respekt gezollt für die Unbeirrbarkeit, mit der sie sich für erlittene Schlappen rächte und Fehden führte. Als Frau aber blieb ihr nur die Rolle einer Anstifterin, die andere in ihre blutigen Pläne verstrickte. Njal warnte seinen Freund, dass von ihr „nichts als Unheil" zu erwarten sei, doch Gunnar hatte sich bereits unsterblich in sie verliebt. Vielleicht war es nicht nur ihre Schönheit, die ihn in ihren Bann zog. Vielleicht spürte er auch einen Gleichklang zwischen ihrer herausfordernden Unabhängigkeit und seinem eigenen streitbaren Wesen.

Der auf Ausgleich bedachte Njal schärfte Gunnar ein, sich niemals zu Gewalt gegen Hallgerd hinreißen zu lassen, ohne an die gefährlichen Folgen zu denken. So, wie die Saga ihn beschrieb, war Njal „ein sanfter Mann von großer Anständigkeit, der der Vergangenheit gedachte und in die Zukunft vorausdachte". Er war älter und besonnener als Gunnar, kannte die Gesetze in Island besser als jeder andere und hielt sich an den Grundsatz von Kompromiss und Versöhnung, der darin verankert war. Er wusste, dass von Gunnars zukünftiger Frau mit Beleidigungen zu rechnen war, und was ihn betraf, so wollte er sie um des Friedens willen gerne ertragen. Unglücklicherweise dachte Njals Frau Bergthora, mit der

DIE MACHT DER POESIE

Eines Spätsommertages im 10. Jahrhundert segelte ein Isländer nach England. Er hieß Egil Skallagrimsson, ein hinterhältiger und verschlagener Mann. Egil war sorgsam darauf bedacht, sich von der norwegischen Küste fern zu halten, da er sich in früheren Jahren den Hass des Königs Erik Blutaxt zugezogen hatte. Egil hatte bald Anlass, diese Reise zu bereuen. Zuerst erlitt er in einem Sturm vor der englischen Nordküste Schiffbruch; dann fiel er, als er an Land getrieben wurde, seinem alten Feind Erik in die Hand. Erik war von seinem Bruder aus Norwegen vertrieben worden und hielt nun als König von Northumbria in der von Wikingern regierten Stadt York Hof.

Erik verurteilte Egil zum Tode und ließ ihm eine Nacht, um sich auf das Ende vorzubereiten. Da Egil sein Leben mit Waffengewalt nicht retten konnte, besann er sich der Macht der Worte. Denn er war nicht nur ein mitleidsloser Krieger, sondern auch ein begabter Poet, der Skaldenstrophen voller hintergründiger Metaphern, so genannter Kenninge, verfasste und in ihnen Helden und ihre Taten verherrlichte. Während die Nacht verrann, dichtete Egil ein Preislied auf Erik, mit dem er Zeit zu gewinnen hoffte.

Als Egil am folgenden Morgen zur Hinrichtung geführt werden sollte und vor dem König erschien, sprach er ihn mit den folgenden Worten an:

Konnte preisen den Herrn,
rühme gewiss ihn,
um Gehör ich ihn bitte,
da ein Loblied ich fand.

Erik war äußerst angetan und gestattete es Egil fortzufahren. Was folgte, war ein langer, komplizierter Lobgesang auf die Kriegserfolge des Königs. Zuhörer, die sich mit der Skaldendichtung und den beziehungsreichen Kenningen nicht auskannten, wären von dem Gedicht verwirrt gewesen. Erik aber war ein Kenner der Kunst und eitel genug, von den Worten geschmeichelt zu sein:

An falschem Ort nicht
Banners Gewebe war:
vor des Herrschers glänzenden
Reihen des Speerlands [Krieger].
Wo im Blute still
das Gefilde lag,
brandungsmüde, dröhnt es,
unter Heerfahnen …

Wetzsteinsattel [Schwert]
an Helmsonne [Schwert] dröhnte,
Wundengarber [Schwert] biss,
ein Blutgeweb [Schwert] war's;
es fiel, hört ich,
unterm Gürteleis [Schwert]
Odins Eichwald [viele Krieger]
im Eisenspiel [Kampf].

Egil beendete das Gedicht mit einem Lobpreis des Königs, und die Verse wirkten wie Magie. „Du magst dein wolfsgraues Haupt entgegennehmen", sagte Erik und schenkte ihm das Leben. Der König behauptete, er habe mit der Freilassung lediglich der Bitte eines Beraters entsprochen; doch dürfte das Gedicht seinen Teil beigetragen haben. Es wurde später als „Haupteslösung" bekannt.

Das Gedicht und der Vorfall, der zu seiner Entstehung geführt hatte, wurden drei Jahrhunderte später von Snorri Sturluson, einem Nachkommen Egil Skallagrimssons, in der „Saga von Egil" niedergeschrieben. Snorri verfasste außerdem eine Abhandlung über die „Sprache der Dichtkunst", in der er die alten Kenninge erklärte, die Egil und andere Skalden einst verwendet hatten. Die Metapher „Feuer des Blutes" zum Beispiel stand für das Schwert, zweifellos in Anlehnung an das Blut, das bei einem gut geführten Schlag flammenartig aufspritzte. „Odins Bäume im Waffenwind" umschrieb kämpfende Männer, denn die Wikingerkrieger standen unter dem Schutz Odins, und er entschied, ob sie überlebten oder fielen.

Immer wieder beschworen die Skalden den Namen Odins, denn der Gott hatte den heiligen, von Zwergen bereiteten Met der Dichtkunst den Riesen, die es bewachten, gestohlen und seine Geheimnisse mit den Menschen geteilt, die ihn verehrten. Wie andere legendäre Taten wurde auch dieser Raub Odins zu einer Kenning: Die Wikinger umschrieben die Dichtkunst mit dem Begriff „Zwergenmet".

er seit vielen Jahren verheiratet war, anders. Die Saga beschreibt sie als eine „außergewöhnliche, beherzte Frau, aber ein wenig hart". Tatsächlich waren die meisten Wikinger beherzt, aber ein wenig hart, und kaum jemand konnte Njals Frau die Couragiertheit und Entschiedenheit verdenken, mit der sie Hallgerds Provokationen entgegentrat.

Nachdem Gunnar geheiratete hatte, dauerte es nicht lange, bis es zum offenen Kampf zwischen den beiden Frauen kam. Njal hatte seinen Freund zu einem großen Bankett in sein Haus eingeladen. Nun galt in den Hallen wohlhabender Isländer die gleiche Sitte wie an skandinavischen Königshöfen, wonach der Rang der Gäste sich in der Sitzordnung an der Tafel widerspiegelte. Als Gunnars Gattin erhielt Hallgerd einen Ehrenplatz in unmittelbarer Nähe zu Njals Hochsitz. Doch als dessen Schwiegertochter eintraf, die sich verspätet hatte, bat Bergthora Hallgerd, einen Sitz weiter zu rücken, um der jungen Frau Platz zu machen. „Ich mache für niemanden Platz wie eine aussätzige Vettel", fuhr Hallgerd sie an, doch Bergthora blieb unbeirrt und wies ihre Kontrahentin nachdrücklich darauf hin, dass der Herrin des Hauses in solchen Fragen die letzte Entscheidung zustand.

Widerwillig gab Hallgerd nach, jedoch nicht, ohne ihre Gastgeberin mit einer taktlosen Bemerkung über die Bartlosigkeit Njals zu erzürnen – kein geringer Schönheitsfehler in einem Land, in dem sich alle Männer Bärte stehen ließen, so sie ihnen wuchsen, um ihre Männlichkeit zu unterstreichen. „Du sprichst wahr", gab Bergthora zurück, doch habe sie Njal deswegen nie Unrecht zugefügt. Was hingegen sei mit Hallgerds erstem Mann gewesen? Er habe doch einen sehr schönen Bart getragen. Aber „das hat dich nicht davon abgehalten, ihn ermorden zu lassen".

Nun wandte sich Hallgerd an Gunnar. Man nenne ihn „den kühnsten Mann Islands", sagte sie bitter, doch was nutze es ihr, wenn er sie nicht gegen solche Beleidigungen verteidige.

Zornig über das Verhalten Hallgerds beschloss Gunnar, das Fest auf der Stelle zu verlassen, und er riet seiner Frau, sich ihre Bosheiten zukünftig für zu Hause aufzuheben. Für Njal hatte er versöhnliche Worte, aber der Schaden war bereits angerichtet. In stolzen Kreisen wie den ihren konnten Beleidigungen tödliche Folgen haben. Keine der beiden Frauen sollte die giftigen Worte, die sie an der Tafel gewechselt hatten, jemals vergeben oder vergessen.

> *„Du bist eine böse Frau, und deiner Schande wird man noch lange gedenken."*

Es ist bezeichnend, dass der Streit den ersten Toten forderte, als Njal und Gunnar zum nächsten Althing aufgebrochen waren und ihre Frauen zurückgelassen hatten, die nun nichts mehr daran hinderte, ihre Art von Gerechtigkeit zu suchen. Die Führung des Haushalts lag bei den Wikingern oft ausschließlich in den Händen der Frauen, die die Sklaven beaufsichtigten und Knechten und Mägden ihre Aufgaben zuwiesen. Die Bediensteten taten, was die Herrin des Hauses wollte, und in diesem Fall wurden sie zu Instrumenten der Vergeltung. Es kam ein Tag, an dem Bergthora beschloss, einen Knecht in einen der noch vorhandenen Wälder Islands zu schicken mit dem Auftrag, Holz zu schlagen. Die Bäume gehörten Njal und Gunnar gemeinsam, die sich den Besitz freundschaftlich teilten. Als Hallgerd von Bergthoras Auftrag hörte, glaubte sie, dass sie bestohlen werden sollte, und sie befahl ihrem Aufseher, den Knecht zu töten. Hallgerd versuchte nicht, die Tat zu verheimlichen – denn es gab kein schwereres und niederträchtigeres Verbrechen in Island, als einen Menschen zu töten und nicht zu der Tat zu stehen. Also ließ Hallgerd Gunnar während des Althings eine Nachricht zukommen, die ihn über das Geschehen unterrichtete. Gunnar sprach mit Njal und bot ihm an, ihm jede gewünschte Entschädigung zu zahlen.

„Es dürfte dir schwer fallen, all den Schaden wieder gut zu machen, den Hallgerd anrichten wird", seufzte Njal in weiser Voraussicht. Aber er hatte nicht die Absicht, ihre Freundschaft aufs Spiel zu setzen. Also verlangte er die Mindestsumme für den Tod eines Sklaven, zwölf Unzen Silber. Seine Frau fand dies im höchsten Maße unzureichend. Sie forderte ihren eigenen Preis, indem sie ihrerseits einen Knecht ausschickte, der den Aufseher töten sollte – eine Tat, für die Njal Gunnar Entschädigung leistete, indem er ihm die zwölf Silberunzen zurückgab. Wie vorauszusehen, war nunmehr Hallgerd unzufrieden und setzte die Blutfehde fort. Ein Mord folgte dem anderen. Immer höher rangige Männer in beiden Haushalten mussten ihr Leben lassen, und Gunnar und Njal sahen sich gezwungen, einander im Namen der Freundschaft immer größere Summen zu zahlen. Mehr als einmal versuchte Gunnars Frau, ihren Mann in den Streit einzubeziehen, doch dieser weigerte sich, Njal in den Rücken zu fallen.

Allerding stieß Hallgerd mit ihren Vorwürfen bei Gunnar nicht auf gänzlich taube Ohren. Die Entschlossenheit, Rache zu üben, war eine Eigenschaft, die sie mit nicht wenigen ihrer Mitmenschen teilte in einem Land, in dem der Mut eines Mannes an seiner Bereitschaft gemessen wurde, Beleidigungen zu vergelten und Blut für Blut zu fordern. So gesehen schien Gunnar schwach. Solange es darum ging, eine wertvolle Freundschaft am Leben zu erhalten, war er bereit, diesen Vorwurf hinzunehmen, doch seine Geduld hatte ein Ende, wenn er von anderen herausgefordert wurde – und sei es infolge einer Provokation seiner Frau. Eines verhängnisvollen Tages schickte Hallgerd einen Sklaven zu Oktel, einem Nachbarn, der sich geweigert hatte, während einer Hungersnot seine Vorräte mit ihnen zu teilen; der Sklave sollte Lebensmittel aus der reich bestückten Speisekammer stehlen. Als Gunnar Hallgerd deswegen zur Rede stellte, warf sie ihm vor, er mische sich in ihre Arbeit. „Es ist nicht Aufgabe eines Mannes, sich um Küchenangelegenheiten zu kümmern", fauchte sie. Gunnar erwiderte, er habe nicht die Absicht, der „Komplize eines Diebes" zu werden, und schlug sie ins Gesicht – eine Tat, die bereits zwei Männer das Leben gekostet hatte. Hallgerd gelobte, die Misshandlung nie zu vergessen und sich dafür zu rächen.

Obwohl Gunnar wusste, dass seine Frau im Unrecht war, konnte er sich der Sache nicht entziehen. Oktel weigerte sich, die Entschädigung anzunehmen, die Gunnar anbot. Stattdessen ging er vor Gericht und klagte Gunnar des Diebstahls an – eines verabscheuungswürdigen Verbrechens, das die Isländer, immer knapp an Nahrungsmitteln, als entwürdigender betrachteten als einen eingestan-

Hier, am Godafoss oder „Wasserfall der Götter", soll der isländische Gesetzessprecher Thorgeir um das Jahr 1000 Bildnisse nordischer Götter ins Wasser geworfen haben, als Zeichen dafür, dass die von ihm verkündete Christianisierung Islands unwiderruflich sei.

denen Mord. Njal setzte sich für Gunnar ein und erreichte, dass der Streit ohne Verhandlung beigelegt wurde. Aber der Vorwurf, ein Dieb zu sein, hatte Gunnar tief verletzt. Als Oktel ihn später zum Kampf herausforderte, nahm Gunnar seine Hellebarde und schlug den Gegner zu Boden. Doch statt seinen Sieg zu feiern, fragte er einen Gefährten laut, warum andere sich ihrer Bluttaten brüsteten, er hingegen so wenig Befriedigung darin finde. Sei er vielleicht „weniger männlich als andere Männer", fragte er sich, weil er größere Hemmungen zu töten habe als sie?

Ob er wollte oder nicht, Gunnar war gefangen in einem erbarmungslosen Kreislauf der Gewalt. „Hiermit beginnt dein Leben als Mörder", warnte Njal, der wohl wusste, dass die Verwandtschaft des Opfers Rache üben würde. Auch für sich selbst sah Njal Gefahren voraus. Die wiederholten Bemühungen um Frieden zwischen ihren beiden Familien hatten die Bande zwischen den zwei Männern so gestärkt, dass Gunnars Feinde in Zukunft unweigerlich Njals Feinde sein mussten.

Njals Vorhersage traf ein. In den Monaten und Jahren, die folgten, wurde Gunnar wiederholt herausgefordert. Zwar ging er aus allen Kämpfen als Sieger hervor, aber jeder Sieg erweiterte auch den Kreis seiner Feinde. Njal tat sein Bestes, um die Familien der Geschädigten zu besänftigen, indem er für angemessene Bußzahlungen sorgte, aber er konnte nicht verhindern, dass sich immer mehr einflussreiche Männer gegen Gunnar stellten. Schließlich klagte ihn ein mächtiger Häuptling, dessen Familie mehr als einen Mann durch Gunnars Hand verloren hatte, vor dem Althing an. Mit Erfolg, denn Gunnar wurde für drei Jahre geächtet, was bedeutete, dass er für diese Zeit das Land verlassen oder darauf gefasst sein musste, von seinen Feinden erschlagen zu werden.

Nur ungern bereitete Gunnar sich auf das Exil vor. Als er zum Hafen hinunter ritt, um sein Schiff zu besteigen, geriet sein Pferd ins Straucheln, und er wurde abgeworfen. Als er sich erhob, sah er sich noch einmal um. „Wie schön die Hänge sind“, sagte er zu sich, „schöner sind sie mir nie vorgekommen, die gelben Felder und die frisch gemähten Wiesen.“ Gunnar wendete sein Pferd und ritt an den Ort zurück, den er mehr liebte als sein Leben.

Im Gegensatz zu anderen Geächteten, die im Land blieben, dachte Gunnar gar nicht daran, sich zu verstecken. Schließlich war er von seinen Feinden bis aufs Blut gereizt worden, warum also sollte er wie ein Verbrecher heimlich im Untergrund leben? Mit dieser unverschleierten Missachtung des Gerichtsurteils forderte Gunnar sein Ende aber geradezu heraus. Eines Nachts umstellten seine Feinde das Haus. Er konnte sie mit Pfeilen aufhalten, bis die Sehne seines Bogens riss. Verzweifelt bat er seine Frau um ein paar Locken aus ihrem langen Haar, um sie zu einer Sehne zusammenzudrehen. „Es geht um mein Leben“, sagte er, aber die unversöhnliche Hallgerd erinnerte ihn an den Schlag ins Gesicht, den er ihr vor Jahren versetzt hatte, und überantwortete ihn seinem Schicksal. Gunnars Mutter fand die passenden Worte für dieses Verhalten: „Du bist eine böse Frau, und deiner Schande wird man noch lange gedenken.“

Gunnars Ende versetzte Njal in tiefe Trauer, und Njals Sohn zögerte nicht, den

HEIDEN GEGEN CHRISTEN

Der Übertritt zum Christentum, wie ihn die Isländer offiziell auf dem Althing vollzogen, bedeutete nicht, dass die Wikinger ihrem alten nordischen Glauben von heute auf morgen abschworen. Vielmehr hielten sie an bestimmten Elementen fest und verschmolzen in religiösen Darstellungen und Erzählungen traditionelle und neue Inhalte.

Der Kampf zwischen dem althergebrachten und dem christlichen Glauben begann gewissermaßen schon in den ersten Tagen des Wikingerzeitalters. Denn trotz der heillosen Überfälle auf Klöster stieß das Christentum bei den Wikingern durchaus auf Interesse und eine gewisse Aufnahmebereitschaft, auch wenn nur wenige gewillt waren, Odin, Thor und andere nordische Götter völlig zugunsten Christi aufzugeben.

Als der Mönch Ansgar 829 sein Missionswerk in der schwedischen Stadt Birka begann und erste Taufen vornahm, profitierte er vom Schutz des schwedischen Königs, der auf diese Weise sein Land für Ausländer attraktiver machen und den Handel fördern wollte. Von da an tauchten christliche Symbole in Schweden auf, zum Beispiel das silberne Kreuz *(oben)*, das aus einem Grab in Birka geborgen wurde. Die meisten Wikinger der damaligen Zeit allerdings betrachteten solche Kreuze als Schmuckstücke oder Kuriositäten; wenn es um den Glauben ging, schienen ihnen Thors Hammer und andere heidnische Symbole zuverlässiger.

Erst als sich nordische Könige offiziell zum Christentum bekannten und ihre Untertanen zwangen, dasselbe zu tun, verbreitete sich die neue Religion. Einer Saga zufolge schwor König Harald Blauzahn von Dänemark etwa um 960 dem

Die Gussform für das christliche Symbol des Kreuzes und den heidnischen Hammer Thors *(links, Mitte)* ist ein Beleg für die Koexistenz der alten und der neuen Religion.

Der schwedische Wandteppich aus dem 12. Jahrhundert zeigt Männer im Turm einer Kirche. Sie läuten die Glocken, um Ungeheuer abzuwehren – sehr fest scheint das Christentum noch nicht in ihnen verankert zu sein.

Die berühmte Stabkirche von Borgund in Norwegen, die im 12. Jahrhundert errichtet wurde, ist an den Kreuzen als christlich zu erkennen. Die geschnitzten Tierkopfornamente dagegen haben ihren Ursprung in den nordischen Mythen.

Auf diesem vergoldeten Relief, das sich in einer Kirche in Dänemark befindet, bekennt sich König Harald Blauzahn zum christlichen Glauben.

„König Harald, der Dänemark und Norwegen eroberte und die Dänen zu Christen machte, setzte diesen Gedenkstein für seinen Vater Gorm und seine Mutter Thyri."

Heidentum ab und trat zum christlichen Glauben über, nachdem ein deutscher Bischof namens Poppo an seinen Hof gekommen war und die Kraft seines Glaubens demonstriert hatte: Er steckte die Hände in rot glühende Eisenhandschuhe und zog sie unversehrt wieder hervor. Hinter Haralds Übertritt könnte aber auch der praktische Wunsch gestanden haben, die Beziehungen zum deutschen Kaiser Otto zu verbessern. Auf jeden Fall führte er das Christentum in ganz Dänemark ein und stellte zum Beweis seines Glaubens den Stein links mit der Christusdarstellung am Kreuz auf.

Norwegen verdankte die Christianisierung nicht zuletzt Olaf Haraldsson, der zwar nicht der erste christliche König seines Landes, aber der eifrigste war, denn er stellte seine noch nicht konvertierten Landsleute einfach vor die Wahl zwischen Taufe, Exil oder Tod. Olaf selbst kam 1030 in einer Schlacht um die Macht ums Leben, aus der uns sein Schlachtruf überliefert ist: „Vorwärts, Christen, Kreuzträger, Königsmannen!" Später wurde er heilig gesprochen und als Olaf der Heilige zum Schutzpatron Norwegens erklärt – ein gläubiger Christ und wahrer Wikinger, der das Kreuz schwang wie Thor seinen Hammer und die Feinde des Glaubens in die Knie zwang.

König Olaf Haraldsson, der Heilige *(unten rechts)*, fällt auf dem Schlachtfeld. Die Illustration befindet sich in einer isländischen Handschrift aus dem 14. Jahrhundert, die von diesem König erzählt.

Toten zu rächen. Am Ende erlitt Njal ein ähnliches Schicksal wie Gunnar: Die Angreifer kamen mitten in der Nacht und legten Feuer an das Haus, so dass dessen Bewohner im Innern gefangen waren – eine uralte, aber schändliche Tradition unter befehdeten Familien. Bergthora hielt bis zuletzt zu ihrem Mann, obwohl sie die Möglichkeit hatte, mit den anderen Frauen und Kindern das brennende Anwesen zu verlassen. „Ich habe versprochen, dass ich dein Schicksal teilen werde", sagte sie zu Njal, als sie sich neben ihn legte. Und als sie zusammen mit ihren Söhnen in den Flammen starben, schienen mit ihnen alle Hoffnungen auf Frieden und Ordnung im Lande unterzugehen, an die sich Njal so lange geklammert hatte.

Noch einmal sollte eine seiner grimmigen Vorhersagen in Erfüllung gehen: „Unser Land wird mit Gesetzen aufgebaut, aber durch Gesetzlosigkeit vernichtet werden."

Die Ereignisse, von denen die Njals-Saga berichtet, fielen in die Zeit, zu der das Christentum in Island an Boden gewann und offizielle Religion wurde, sehr zum Abscheu der Heiden, wie die Christen die Anhänger des alten Glaubens nannten. Njal selbst war als Heide geboren worden und gemeinsam mit seiner Frau zum Christentum übergetreten. Kurz vor ihrem Tod, so heißt es in der Saga, bekreuzigten sie sich und befahlen ihre Seele Gott an. Njal war ein friedliebender Christ, was man aber nicht von allen Christen in Island sagen konnte.

Einer der ersten Missionare, die nach Island kamen, war ein deutscher Priester namens Thangbrand, und der war wahrhaftig kein Mann, der Verfehlungen übersah oder Angreifern die andere Wange hinhielt. Von Olaf Tryggvason, dem ersten christlichen König Norwegens, entsandt, bekehrte Thangbrand eine Reihe prominenter Personen, machte sich aber zugleich mit seinen unablässigen Angriffen auf das Heidentum mindestens ebenso viele Feinde. Nach ein oder zwei Jahren kehrte der cholerische Priester eilig nach Norwegen zurück, nachdem er, wie es in einer isländischen Chronik heißt, bis dahin „zwei oder drei Männer erschlagen hatte, die ihn angeklagt hatten."

Thangbrand berichtete Olaf, die meisten Isländer lehnten den christlichen Glauben entschieden ab; der König reagierte auf die Nachricht, indem er Isländer gefangen nahm, die durch Norwegen reisten, und sie hinzurichten drohte. Zwei isländische Häuptlinge, die von Thangbrand bekehrt worden waren, hörten von der Not ihrer Landsleute, reisten an Olafs Hof, und sie handelten einen Aufschub für sie aus. Im Gegenzug verpflichteten sie sich, mit einem zweiten Priester nach Island zurückzufahren und die Christianisierung des Landes voranzutreiben. Zu Hause mobilisierten die beiden Häuptlinge ihre ebenfalls konvertierten Landsleute und brachten den Fall vor das Althing. Die Anhänger der alten Götter griffen zu den Waffen, und aus dem Thingplatz wurde ein Schlachtfeld. Doch nachdem beide Parteien einander die Zähne gezeigt hatten, einigte man sich, das Gericht entscheiden zu lassen. Christen und Heiden versammelten sich am Gesetzesfelsen; beide ließen Zeugen auftreten, die schworen, den wahren Glauben zu vertreten, und sich weigerten, sich den Gesetzen ihrer Gegner zu beugen.

Sowohl Isländer als auch Grönländer machten Jagd auf das schwerfällige Walross, dessen Stoßzähne begehrt waren *(links)*. Die Wikinger verkauften das Elfenbein an Handwerker auf dem europäischen Festland, die daraus Kruzifixe, Miniaturaltäre und andere religiöse und profane Kostbarkeiten anfertigten. Der Hirtenstab *(gegenüber)* wurde in einem bischöflichen Grab in Grönland gefunden.

So lag die Entscheidung bei Thorgeir, dem Gesetzessprecher, einem Heiden, den auch die Christen wegen seiner Gerechtigkeit und Weisheit respektierten. Nachdem er beide Seiten angehört hatte, legte sich „Thorgeir nieder und breitete seinen Umhang über sich aus und ruhte den ganzen Tag und die Nacht dazu, und er sprach kein einziges Wort", so steht es in der Chronik. Als er so da lag, wird er wahrscheinlich über die ungewisse Zukunft seiner Landsleute nachgedacht haben, wenn sie sich dem Herrscher ihres Mutterlandes Norwegen weiter widersetzten. Eins wusste Thorgeir jedenfalls genau: Island konnte nicht zwei Gesetze befolgen. „Wenn wir die Gesetze brechen", führte er aus, bevor er sein Urteil sprach, „werden wir auch den Frieden brechen." Thorgeir ließ beide Seiten schwören, sich seiner Entscheidung zu beugen. Dann verfügte er, dass Island fortan ein christliches Land sein und das ganze Volk sich taufen lassen solle.

Doch er machte eine Konzession an die Heiden: Er gestattete ihnen, „den heidnischen Göttern heimlich Opfer zu bringen, wenn sie es wollten". Einer Bestrafung sollten sie nur zugeführt werden, wenn andere ihre Rituale beobachteten und gegen sie aussagten. Doch die von Thorgeir verordnete Toleranz hielt nicht lange vor. Wenige Jahre später durften in Island überhaupt keine heidnischen Riten mehr praktiziert werden, weder öffentlich noch heimlich, wobei sich letzteres in einem Volk, das seine Unabhängigkeit liebte und Einmischungen in seine Angelegenheiten ablehnte, nur schwer verhindern ließ.

Jedenfalls konnte das Christentum die Isländer keineswegs daran hindern, ihre alten Volksgeschichten weiter zu pflegen und die Tugenden ihrer heidnischen Vorfahren weiter zu rühmen. Frühe Siedler wie der Gründer Reykjaviks, Ingolf, waren auf ihre Weise ja ebenso religiös gewesen wie ihre christlichen Nachkommen. Eine in christlicher Zeit entstandene Saga zeichnete ein anerkennendes Porträt eines heidnischen Häuptlings und Priesters namens Thorolf Mostrarskegg, dessen Rufname den Namen seines Gottes Thor in sich trug. Thorolf war nicht viel später als Ingolf nach Island ausgewandert und hatte seine Wohnstatt ähnlich wie jener gewählt, indem er die mit einem Bild Thors verzierten Pfosten seines Hochsitzes ins Meer warf. Er fand sie wieder am Ufer einer Landspitze, die später Thorsnes genannt wurde. Hier errichtete er für seine Familie ein Haus und für Thor ein Heiligtum.

Im Innern des Tempels mit seinem Giebeldach befand sich ein Podest, das, umgeben von Götterstatuen, als Altar diente. Wenn

Thorolf sein Amt als Priester ausübte, stand er am Altar mit einer Schale in der Hand, die das Blut eines Opfertiers enthielt. In der anderen Hand hatte er eine Opferrute, die er in das heilige Blut tauchte, um damit den Altar, die Wände des Heiligtums und die Gemeinde zu besprengen. Diese kultische Handlung ließ die Anhänger des Glaubens an der Größe und Kraft ihrer Götter teilhaben – ähnlich wie später die christliche Kirche die Vereinigung der Gemeinde mit Jesus Christus durch die Austeilung von Brot und Wein während der Kommunion vollzog.

Von jedem Bauern seines Distrikts erhielt Thorolf eine Steuer für den Erhalt des Heiligtums. Zu den wertvollen Gegenständen, die er aufbewahrte, gehörte ein massiver Ring, der ungefähr ein Pfund schwer war. Thorolf nahm diesen Ring zu dem Thing mit, bei dem er den Vorsitz führte, und alle, die dort aussagten, mussten einen Eid darauf schwören. In Thorolfs Augen war die Versammlungsstätte ebenso heilig wie der Tempel, und er ließ nicht zu, dass irgendjemand sie durch „Blutvergießen oder Exkremente" entweihte, wie die Saga berichtet. Diejenigen, die sich erleichtern mussten, hatten dies auf einer Felsinsel an der Küste zu tun – eine ziemlich unbequeme Regelung für die unzähligen Menschen, die bei den Versammlungen anwesend waren. Doch Thorolfs Einfluss sorgte dafür, dass niemand seinem Verbot zuwiderhandelte, jedenfalls nicht, solange er lebte.

Nach seinem Tod allerdings verkündeten Mitglieder einer mit Thorolfs Sippe rivalisierenden Familie, dass sie nicht die Absicht hätten, sich weiterhin die Schuhsohlen abzulaufen, „wenn sie ein natürliches Bedürfnis verspürten". Es kam zum Streit, und Thorolfs Sohn musste mit Waffengewalt verhindern, dass sie ihre provozierende Ankündigung wahr machten. Aber indem er eine Form der Entweihung abwendete, beging er eine andere, denn er hatte Blut vergossen und auch damit den Boden verunreinigt. Der Vorfall war wie ein böses Omen für Thorolfs Nachfolger: Über Jahre hinweg hatten sie mit erbitterter Opposition zu rechnen und mussten um den Erhalt ihrer Autorität kämpfen.

Thorolfs Urenkel, Snorri der Priester, ließ sich taufen und half, den christlichen Glauben zu verbreiten, doch das änderte wenig an seiner kämpferischen Natur – der Name Snorri bedeutete „Ärger". Obwohl er ein christliches Amt innehatte, verwickelte er sich weiter in Fehden und Komplotte. Nach außen hin akzeptierten Isländer wie Snorri die christliche Lehre als Gesetz, und sie bekannten sich zu der von ihr geforderten Nachsicht und Demut. Doch dies war nur ein Lippenbekenntnis, denn innerlich blieben sie stolz, herrisch und immer bereit, gegen Gesetze zu verstoßen.

In Island und an anderen Orten der wikingischen Welt konnten sich die Menschen auf überzeugende Vorbilder für ihre Kampfbereitschaft und den Widerstand gegen staatliche Gewalt berufen, denn einige der großen Gestalten der Wikingergeschichte waren Gesetzesbrecher gewesen, die ihres Landes verwiesen wurden und im Ausland neue Möglichkeiten für sich und Tausende von Nachfolgern eröffneten. Ohne diese verwegenen Störenfriede hätten die Wikinger nie das erreichen können, was sie erreichten. Und der Drang, das Gesetz zu umgehen und anderswo nach Freiheit und Reichtum Ausschau zu halten, lebte weiter. Zur Zeit der Christianisierung Islands war eine kleine Pioniergruppe bereits nach Westen aufgebrochen. Ihr Anführer war ein Gesetzloser, der in einer der menschenfeindlichsten Regionen, die die Wikinger je besiedelten, einen Neuanfang wagte.

Der Name des Mannes war Erik der Rote, und mit seiner roten Gesichtsfarbe, seinem flammend roten Haar und seinem explosiven Temperament machte er seinem Namen alle Ehre. Erik war um 950 in Norwegen auf die Welt gekommen, und Gewalt lag seiner Familie im Blut. Sowohl er als auch sein Vater mussten „Totschläge halber" ihre Heimat verlassen, wie eine Saga nüchtern feststellte, gerade so als ob die Sache viel zu alltäglich sei, um in die Details zu gehen. In Island beging Erik weitere Verbrechen, sammelte eine gewalttätige Anhängerschaft um sich und ging gemeinsam mit ihr gegen einen Nachbarn vor. Im Jahr 982 wurden Erik und sein treuester Gefolgsmann für drei Jahre in Acht und Bann geschickt. Doch trotz seiner Skrupellosigkeit – oder vielleicht gerade deswegen – hatte Erik mächtige Bewunderer, die ihn vor seinen Feinden schützten und ihm halfen, die Ausrüstung für eine längere Auslandsfahrt zusammenzustellen.

Siedler aus Island kommen in Grönland an. Die Illustration zeigt die üblichen Arbeiten: Zelte werden aufgebaut und Schiffsreparaturen vorgenommen. Außerdem wird aus mitgebrachtem Getreide und frisch gefangenem Fisch *(gegenüber, links oben)* ein Essen gekocht.

Da er in Island nicht bleiben und nach Norwegen nicht zurückgehen konnte, lag der Gedanke an eine neue Heimat nahe, und Erik meinte auch schon zu wissen, wo er sie finden konnte. Jahre zuvor war ein isländischer Seemann auf der Heimfahrt von Norwegen in einen Sturm geraten und mehrere hundert Kilometer vom Kurs abgekommen war. Für einen Augenblick hatte dieser Mann fern im Westen von Island eine Landmasse gesichtet. Dieses unbekannte Land wollten Erik und seine Mannschaft finden und erkunden. Nach mehreren Tagen auf See sahen sie eine abweisende, eisbedeckte Küste; sie folgten dieser Küste in südlicher Richtung, in der Hoffnung, im Süden bessere Lebensbedingungen zu finden. Sie verbrachten den Winter an der Südspitze der Landmasse, die sich als große Insel herausstellen sollte. Als der Sommer kam, erkundeten sie einen einladenden Fjord an der Südwestküste, der geschützte Häfen und grasbewachsene Hänge bot; hier bauten sie ein Haus, das sie für die restliche Dauer des Exils beherbergte. Die Winter in dem neuen Land waren härter als die auf Island. Eisige Winde brachten einen Schneesturm nach dem anderen. Und während der wenigen hellen Stunden des Tages verbarg sich die Sonne hinter grauen Wolken. Es war wahrlich kein Paradies, aber Erik war entschlossen, das Beste daraus zu machen.

Sobald die Jahre der Verbannung abgelaufen waren, kehrte Erik nach Island zurück, jedoch nur, um seine Frau abzuholen und Freiwillige für eine Kolonie an der Küste zu gewinnen, die er ausgekundschaftet hatte. Er nannte das Land grünes Land oder Grönland, weil er wusste, die Leute „würden eher Lust bekommen, sich dort niederzulassen, wenn es einen so schönen Namen habe". In Wahrheit verlor sich das Grün eher in endlosen Schnee- und Eiswüsten. Aber Eriks Werbekampagne – und die Tatsache, dass in Island jedes gute Stück Boden vergeben war – brachten 25 Schiffe mit Emigranten, ihrem Vieh und ihren Haushalten zusammen. Von Erik angeführt, verließen sie Island im Sommer 986, angetrieben von einer freundlichen Brise, die nicht viel später auf offener See von Sturmwinden abgelöst wurde. Ein Schiff nach dem anderen schlug leck oder kehrte um. Am Ende erreichten 14 Schiffe mit etwa 400 erschöpften Siedlern an Bord Grönland.

Wenn sie geglaubt hatten, dass sie mit dem Betreten ihrer neuen Heimat das Schlimmste hinter sich gebracht hätten, dann irrten die Siedler. Die Wiesenflächen, auf denen sie ihre Siedlungen bauten, lagen ein ganzes Stück fjordeinwärts, manchmal in unmittelbarer Nähe zu den Gletschern, die sich von Zeit zu Zeit verschoben und dabei die Steinhäuser und Hütten der Siedler schwer in Mitleidenschaft zogen. Die Sommer waren zu kurz und zu kalt, als dass sie eine nennenswerte Getreideernte zugelassen hätten. Die Menschen lebten in erster Linie von Fisch und dem Fleisch ihrer mageren Rinder und Schafe. Wie in Island, mussten Bauholz und Eisen von Schiffen angeliefert werden. Die Grönländer boten dafür Wolle und seltenere Waren an, die sie unter großen Mühen aus dem hohen Norden ihres Landes beschafften, zum Beispiel Walross-Elfenbein,

Kolonie erwies sich als kraftvoll genug, um weitere Auswanderer aus Island anzuziehen. Um das Ende des 11. Jahrhunderts lebten rund 3000 Menschen auf etwa 100 Gehöften entlang den Fjorden an der grönländischen Südwestküste.

Nicht viel später als in Island hielt das Christentum Einzug in Grönland, aber der neue Glaube hatte es nicht leicht, die alten Vorstellungen mitsamt dem Aberglauben zu verdrängen. Nach wie vor sahen die Menschen des Nachts Geister, und sie trugen Amulette, um sich vor allem möglichen Unglück zu schützen. In schlimmen Zeiten befragten die Grönländer Seher und Seherinnen nach der Zukunft. Das taten sie auch zu Beginn des 11. Jahrhunderts, als in Grönland eine große Hungersnot herrschte. „Die Männer, die auf Fischfang oder Jagd aus gewesen waren, hatten wenig Beute mitgebracht, manche waren überhaupt nicht wiedergekommen“, berichtet die Eriks-Saga. Den Grönländern war klar, dass sie

„An solchem Sang und Zauber wie hier, denk' ich, darf ich nicht teilhaben, denn ich bin eine Christin.“

Felle, Pelze und Daunen aus den Nestern der Eiderenten. Ihre Existenzgrundlage war damit die gleiche wie die der Menschen in den arktischen Regionen Skandinaviens, und die Grönländer lebten ähnlich unstet wie die Lappen, mit denen der norwegische Händler Ottar im 9. Jahrhundert zu tun gehabt hatte.

Einige der Siedler mochten von dem kargen Land, in das Erik sie geführt hatte, enttäuscht gewesen sein, aber sie zogen seine Anführerschaft nicht in Zweifel. Konfrontiert mit den Härten dieses neuen Landes, wurde der frühere Totschläger zu einer Stütze der Gesellschaft. Er erfreute sich eines „hohen Ansehens, und alle erkannten seine Autorität an“. Die Siedler brauchten einen starken Mann, der sie anführte, und Erik vermied es, sie vor den Kopf zu stoßen, indem er sich als Tyrann aufspielte. Tatsächlich konstituierten die Grönländer bald eine Volksversammlung ähnlich dem isländischen Althing und gaben sich vergleichbare Gesetze. Ihre

verhungern mussten, wenn die letzten Tiere verzehrt waren. In dieser Situation schickte einer der mächtigeren Bauern nach der Seherin Thorbjörg, der letzten von zehn Schwestern, die alle übersinnliche Fähigkeiten gehabt hatten.

Thorbjörg traf in einer Aufmachung ein, die deutlich machte, dass sie eine Frau mit bemerkenswerten Fähigkeiten war. Sie trug einen „blauen Mantel mit Spangen; der war bis zum Saum besetzt mit kostbaren Steinen.“ Ihren Hals zierten – kostbare, weil aus fernen Orten wie Venedig importierte – Glasperlen, und in der Hand hielt sie einen Holzstab mit Kupfer- und Edelsteinverzierungen. Beeindruckend waren auch die Pelze und Felle, die sie trug, denn sie schienen ihr Kräfte aus dem Reich der Tiere zu verleihen. Ihre Schuhe waren aus zottigem Kalbfell; ihre Haube aus schwarzem Lammfell besaß ein Futter aus weißem Katzenfell. Die Handschuhe bestanden ebenfalls aus weißem Katzenfell, wobei das Le-

der außen und das Fell innen war. Die Utensilien, die sie für ihr Handwerk brauchte, trug sie in einem großen Lederbeutel, der an ihrem Gürtel hing. Der Gastgeber bot ihr einen extra für sie errichteten Hochsitz an, auf dem ein Federkissen lag. Sie aß das Wenige, das ihr angeboten werden konnte, mit einem Besteck, das sie mitgebracht hatte: einem Messinglöffel und einem Messer mit einem Griff aus Walross-Elfenbein.

Aufgefordert, die Zukunft vorauszusagen, fragte Thorbjörg nach anderen erfahrenen Frauen, die das richtige Lied kannten, das sie für ihren Zauber brauchte. Unglücklicherweise kannte sich niemand aus der Runde mit den Geheimnissen aus, bis auf eine junge Frau, die Gudrid hieß. Sie räumte ein, dass sie ein magisches Lied von ihrer Ziehmutter in Island gelernt hatte, aber sie wollte an der Sache nicht teilnehmen. „An solchem Sang und Zauber wie hier, denk' ich, darf ich nicht teilhaben, denn ich bin eine Christin."

Thorbjörg redete ihr freundlich zu: „Es steht doch so, dass du den Leuten hier helfen könntest und doch dadurch selbst keine schlechtere Frau würdest." Und da Gudrid die versammelten Gäste und ihren Gastgeber, der die Sitzung arrangiert hatte, nicht verletzen wollte, stimmte sie schließlich zu. Sie stellte sich mit den anderen Frauen zu einem Kreis um die Seherin auf, und sang mit einer so wunderschönen Stimme, dass Thorbjörg ihr einen eigenartigen Dank aussprach. „Manche Geister kamen hierher und dachten, wie schön dieses Lied doch zu hören gewesen sei – solche, die sich früher von mir abgewandt hatten und mir nicht mehr gehorchen wollten." Die Riege der Unsichtbaren gewährte

EIN AUSSENPOSTEN IN DER NEUEN WELT

Um das Jahr 1000 ließen sich Wikinger in L'Anse-aux-Meadows an der Küste von Neufundland nieder. Dieser Außenposten *(oben)*, den man originalgetreu wieder aufgebaut hat, geht auf die Zeit Leif Erikssons zurück, der von Grönland aus nach Westen fuhr und an einem Ort überwinterte, den er Vinland oder Weinland nannte. Andere Grönländer, die dort kurz siedelten, trafen auf den heftigen Widerstand Einheimischer, die sie Skrälinger nannten.

L'Anse-aux-Meadows könnte durchaus das beschriebene Vinland sein; nur die erwähnten Trauben gediehen dort nicht – dafür aber im milderen Klima der weiter südlich gelegenen Gebiete. Vielleicht meinte Leif andere Beeren, oder er blieb der Tradition seines Vaters, Eriks des Roten, treu, der Grönland entdeckt hatte, und übertrieb die Vorzüge des Landes ein bisschen.

ihr einen klaren Blick in die Zukunft, und sie informierte ihren Gastgeber, dass „das Hungerjahr nicht länger währen wird denn bis zum Winter, und besser wird's werden bei Frühlingsbeginn". Gudrid aber, so fügte sie ungefragt hinzu, stünden große Dinge bevor, denn sie werde sich in Grönland höchst ehrenvoll verheiraten.

Wie die Geschichte von Erik dem Roten erzählt, behielt Thorbjörg im Großen und Ganzen recht: „Nur wenig von dem, was sie sagte, traf nicht ein." Und so konnte Gudrids Vater, auch wenn er sonst nicht an Prophezeiungen glaubte – er war Christ und hatte entsetzt das Haus verlassen, in dem solch „heidnisch Unwesen" getrieben wurde –, zu seiner Genugtuung erleben, dass seine Tochter eine gute Partie machte und Thorstein Eriksson heiratete, einen Sohn des Grönland-Gründers.

Erik hatte einen weiteren Sohn, Leif Eriksson. Dieser erwies sich als würdiger Sohn seines Vaters und segelte im 11. Jahrhundert mit einer Handvoll Getreuer auf Erkundungsfahrt nach Westen. Seine Reise war die erste von mehreren Fahrten, in deren Verlauf er an der Küste Neufundlands eine Siedlung gründete, die er Vinland nannte. Wie Eriks Grönlandfahrt ging auch Leifs Vinlandfahrt auf den Bericht eines vom Unwetter verschlagenen Seefahrers zurück. Der Mann, ein Isländer namens Bjarni Herjolfsson, war 986 unterwegs nach Grönland, als ihn ein Nordoststurm weit an seinem Ziel vorbeitrug und er ein Land mit vielen Bäumen sah. Doch Bjarni wollte nur eins: endlich sein Ziel, nämlich Grönland, erreichen. Er segelte noch an weiteren kahlen Küsten vorbei, die ihn ebenfalls nicht zur Landung reizten, und kam schließlich tatsächlich in Grönland an.

Erst 15 Jahre später versuchte Leif, Bjarnis Route zu folgen und jenes bewaldete Neuland zu finden. Sein Vater Erik soll die Absicht gehabt haben, ihn auf der Fahrt zu begleiten, aber er fiel auf dem Weg zum Schiff vom Pferd und musste zurückbleiben. „Es soll mir nicht vergönnt sein, weiteres Neuland zu entdecken denn das, was ich jetzt bewirtschafte", sagte er resignierend zu seinem Sohn. „Weiter werden wir nicht mehr gemeinsam fahren."

Leif stieß als erstes auf ein unwirtliches Land, das ausschließlich aus Steinen und Gletschern bestand und das er Baffin-Land (Flachsteinland) nannte. Dem nächsten Land, das eben und bewaldet war, gab er den Namen Labrador (Waldland). Dann fuhren Leif und seine Begleiter weiter südlich und kamen nach Vinland (Weinland), wie Leif es taufte; dort verbrachten sie den Winter. Außer den namensgebenden Weinranken und Weintrauben, die dort angeblich in Hülle und Fülle gediehen, hatte die Küste noch andere Vorzüge. Die Lachse in den Seen und Flüssen waren größer, als die Männer sie je zuvor gesehen hatten, und die Winter erwiesen sich als sehr mild und hell im Vergleich zu denen in Grönland: „Am Mittwintertage sah man die Sonne von halb acht Uhr vormittags bis halb fünf Uhr nachmittags", wie die Saga berichtet.

Man nimmt heute an, dass es die Nordküste Neufundlands war, an der Leif und seine Besatzung überwinterten, zumal dort auch die Fundamente einer Wikingersiedlung entdeckt wurden. Doch wenn Vinland tatsächlich ein Land des Weines und der milden Winter war, müßte es weiter südlich gelegen haben, möglicherweise sogar an der Küste von Neuengland.

Im Frühjahr darauf fuhren Leif und seine Leute nach Grönland zurück. Leif hoffte, das nächste Siedlerschiff selbst über den Atlantik nach Vinland zu führen, aber es kam anders: Kurz nach Leifs Heimkehr starb sein Vater Erik, und Leif übernahm des-

sen Gehöft mitsamt allen Pflichten, die dazugehörten. So blieb es anderen überlassen, das Neuland zu besiedeln, und die Kolonisierung wäre vielleicht auch geglückt, wenn nicht schon Menschen vor ihnen da gewesen wären. Die Neuankömmlinge, zu denen auch Frauen gehörten, trafen nämlich auf Einheimische, die sie verächtlich Skrälinger („die Schwächlichen") nannten und mit denen es immer wieder zu bewaffneten Auseinandersetzungen kam. Im Jahre 1020 waren auch die letzten der enttäuschten Kolonisten wieder nach Grönland zurückgekehrt.

Die Wikinger versäumten es, sich dem ab dem Jahr 1200 kälter werdenden Klima in Grönland anzupassen. Stattdessen hielten sie an ihrer gewohnten Kleidung fest. Die Wollkapuze und das Kleid wurden in einem Grab im Dauerfrostboden gefunden.

Vinland war der äußerste Punkt, den die Wikinger bei ihrem spektakulären Vorstoß nach Westen erreichten. Danach versiegte die Aufbruchstimmung, und die Kolonien im Nordatlantik sollten Mühe haben, sich am Leben zu halten. Im 13. Jahrhundert schließlich gaben die Siedler von Grönland und Island, geschwächt durch das sich verschlechternde Klima und zunehmende Uneinigkeit, ihre kostbare Unabhängigkeit auf und schlossen sich Norwegen an. Der Glanz der Wikinger war erloschen, ihre Größe aber nicht vergessen. Während die Isländer keinen anderen Ausweg mehr sahen, als ihren Freistaat zu opfern und sich dem norwegischen König zu unterwerfen, schrieben sie ihre wunderbaren Sagas nieder, die die Träume und Taten ihrer unbezähmbaren nordischen Vorfahren am Leben und in Erinnerung halten sollten. Im Jahr 1179 wurde Snorri Sturluson geboren, der produktivste aller Sagaschreiber überhaupt.

Snorri war der Sohn einer der führenden Familien Islands, ein Rechtsgelehrter und Kenner der überlieferten Literatur seines Landes. In seinem wechselvollen Leben, in dem noch einmal die ganze Abenteuerlichkeit der Wikinger, über die er schrieb, anklang, war er zweimal isländischer Gesetzessprecher und zweimal verheiratet; er strebte nach Macht, kämpfte rücksichtslos gegen seine politischen Rivalen und war an zahlreichen Familienfehden beteiligt; er reiste nach Norwegen, unterhielt dort König Haakon und sein Gefolge mit Geschichten von ihren adligen Vorfahren, musste in die Verbannung und kehrte zuletzt nach Island zurück, wo er schon von einem mächtigen Häuptling erwartet wurde, der einen Brief des Königs in Händen hielt, in dem dieser Snorri einen Hochverräter nannte.

In der Nacht des 23. September 1241 drangen Dutzende von bewaffneten Männern in Snorris Haus ein. Sie verfolgten den über Sechzigjährigen von seinem Bett in den Keller und ermordeten den Mann, der sich mehr als irgendjemand sonst um den Erhalt der nordischen Überlieferung verdient gemacht hatte. Wie andere Gesetzeskundige auch wurde Snorri ein Opfer von Gesetzesbrechern. Aber seine Sagas lebten weiter, als ein Zeugnis machtvoller Kreativität inmitten all der dunklen Kräfte der Vernichtung.

KRAFT UND SCHÖNHEIT

Die Wikinger besaßen einen ausgeprägten Sinn für alles Schöne – was in merkwürdigem Gegensatz zu ihrer berüchtigten Wildheit zu stehen scheint. Die Vorliebe der Nordmänner für Edelmetalle und Juwelen, schwere Brokatstoffe und edle Seide war tatsächlich einer der Gründe, weshalb sie auch weiteste Reisen nicht scheuten und Hunger, Kampf und sogar den Tod in Kauf nahmen.

Wenn wikingische Raub- und Kauffahrer von ihren Reisen zurückkehrten, machten sich nordische Künstler umgehend daran, die Beute zu verarbeiten. Münzen, Schmuck und Kruzifixe wurden eingeschmolzen, und es entstanden neue Kunstwerke im unverkennbar nordischen Stil. Wikingische Hände produzierten fast ausschließlich angewandte Kunst, also reich verzierte funktionale Gegenstände, bei denen, vor allem wenn sie für Reiche und Vornehme bestimmt waren, kaum eine Fläche von Verzierungen ausgespart blieb. Das Bedürfnis, sich mit schönen Dingen zu umgeben, hatten aber auch die „Normalbürger", die selbst Hand anlegten und ihre freien Stunden damit verbrachten, Alltagsgegenstände zu ornamentieren.

Dieses hölzerne Antlitz, ein besonders schönes Exemplar wikingischer Schnitzkunst, zierte einen Wagen aus dem Schiffsgrab von Oseberg. Es stellt einen wikingischen Krieger dar, möglicherweise aber auch den beliebten Donnergott Thor.

Das exquisit gearbeitete Silberamulett stellt Thors Hammer mit den starren Augen und dem Adlerschnabel dar, die dem Gott zugeschrieben wurden.

Schlangenartige Tiere, endlos ineinander verschlungen, zieren diesen reich ornamentierten Holzpfosten, der mit vier anderen in Oseberg entdeckt wurde. Man nimmt an, dass diese Pfosten mit ihren typischen, zähnefletschenden Tierköpfen bei religiösen Ritualen eine Rolle spielten.

ZIER DER HELDEN

„Er ging immer so einher, dass er einen scharlachroten Rock trug und darüber einen grauen Pelzmantel, auf dem Kopf eine Kappe von Bärenfell, in der Hand ein Schwert; das war eine starke und gute Waffe… Dies Schwert nannte er Fußbeißer und ließ es nie aus der Hand."

Odins Adler, der nordische Vogel des Kampfes, ist hier Teil eines Pferdegeschirrs aus vergoldeter Bronze.

Bandornamente, bestehend aus tauschierten Schlingenmustern und Tiermotiven in vergoldeter Bronze und Silber, bedecken dieses Kummet, eine Erfindung der Dänen. Die Zügel wurden durch das Loch in der Mitte gezogen; so konnten sie nicht auf der Erde schleifen.

Das Blatt einer Streitaxt, mit Tauschierungen (eingelegten Bandornamenten) in Silber sowie einem Goldband verziert, wurde im Grab eines dänischen Wikingers gefunden. Mit solchen Prunkäxten zeichneten Könige und Fürsten verdiente Gefolgsleute aus.

Der Griff dieses Prunkschwertes aus Eisen, das in einem Schiffsgrab von Haithabu gefunden wurde, ist mit vergoldeter Bronze und Silbertauschierung geschmückt. Silberfäden unterteilen die Tauschierung in Felder; jedes Feld trägt ein Ornament aus Niello, einer schwärzlichen Legierung, die in gravierte Muster eingeschmolzen wurde.

KLEINE KOSTBARKEITEN

Zwei Tiere mit gefletschten Zähnen machen dieses Brett aus Walknochen zu einem Kunstwerk. Norwegische Frauen benutzten es, um Stoff zu glätten oder zu fälteln. Über 40 solcher Bretter wurden in Gräbern reicher Wikingerinnen gefunden.

Nichts war zu alltäglich, um nicht verziert zu werden: Hier ist es eine Angelschnurhaspel aus Walknochen, die durch die eingeritzten Kreise und den aufgeplusterten Vogel fast wie ein Schmuckstück wirkt.

Mit solchen Schließnadeln verschloss man Kleider, indem man eine Kordel oder ein Lederband durch das Loch in der Mitte zog. Zart und apart ist das Schlingenmuster auf dem kreuzweise geritzten Hintergrund.

*„Gut ist ein Hof,
auch wenn er nicht groß ist:
Daheim ist man Herr.
Hat man zwei Ziegen
und aus Zweigen ein Dach,
so ist das besser
als betteln zu gehen."*

KLEIDSAME KLEINODE

Die Gestalten auf dem Deckel und den Seiten dieser erlesenen Dosenfibel sind gehämmert; Goldkügelchen füllen die in Goldfiligran nachgezeichneten Umrisse aus. Frauen trugen solche Dosenfibeln zur Befestigung eines Umhangs vor der Brust – und natürlich als Schmuck.

„Darauf wurde Gudrun dem Thorvald verlobt… Ferner solle er [Thorvald] verpflichtet sein, ihr Schmuck und Frauensachen zu kaufen, in dem Maße, dass keine gleich vermögende Frau besser ausgestattet wäre als sie…"

Dieser Armreif *(rechts)* ist in einem Stück aus Silber gegossen und dürfte bei aller Schönheit für den Träger ziemlich schwer gewesen sein. Wikingische Silberschmiede schmolzen oft arabische Münzen ein und arbeiteten sie zu Schmuck um.

Ein wikingischer Goldschmied fertigte 32 nach Luft schnappende Fische aus Silber und vergoldeter Bronze an und fügte sie zu dieser ungewöhnlichen Halskette zusammen. Die Edelmetalle für die Schmuckstücke, die bei Männern und Frauen gleichermaßen beliebt waren, wurden von Plünderern und Händlern von ihren Fahrten mitgebracht.

Wachsam blicken drei Wikinger von dieser Ringfibel aus Bronze, mit der ein Mann seinen Umhang an der Schulter befestigte.

GLOSSAR

Ahn: Name des Mannes, in dessen Hütte der Gott Rig bei seiner Wanderung auf der Erde drei Nächte verbrachte. Der Ehemann von Edda; auch Urgroßvater genannt.

Allvater: Beiname des Gottes Odin.

Althing: Ursprünglich die jährliche Volksversammlung der landbesitzenden Häuptlinge (der „Freien") in Island, die jeweils im Sommer für zwei Wochen tagten. Die erste gesetzgebende Volksversammlung fand im Jahr 930 statt. Das heutige Althing, das isländische Parlament, besteht aus demokratisch gewählten Volksvertretern.

Amma: Name der Frau, auf deren Hof der Gott Rig bei seiner Wanderung auf der Erde drei Nächte verbrachte. Ehefrau von Ätti; auch Großmutter genannt. Der Sohn, den Rig mit ihr zeugte, war Karl, der Freie.

Asen: Götter und Göttinnen mit Sitz in Asgard. Die wichtigsten Mitglieder dieses Göttergeschlechts waren Odin und Thor. Ein anderes Göttergeschlecht des Nordens, das von den Asen verdrängt worden war, waren die Wanen.

Asgard: Wohnsitz und Burg der Asen mit prächtigen Palästen; oberhalb von Midgard gelegen, wo die Menschen wohnten, und nur über die Regenbogenbrücke Bifröst zu erreichen.

Ätti: Name des Mannes, auf dessen Hof der Gott Rig bei seiner Wanderung auf der Erde drei Nächte verbrachte. Der Ehemann von Amma; auch Großvater genannt.

Baldur: Nordischer Gott des Lichts, geliebter Sohn des Odin und der Frigg, durch Lokis List getötet. Baldur war einer der wenigen Götter, die nach dem Weltuntergang Ragnarök in die erneuerte Welt zurückkehren dürfen.

Berserker („Bärenhäuter"): Gestaltverwandler; die Berserker waren nordische Krieger des Früh- und Hochmittelalters, die Tierfelle trugen und wegen ihrer Wildheit und verwegenen Kampfeswut bekannt und gefürchtet waren.

Bildsteine: Plastisch bearbeitete Gedenksteine mit Szenen, Ornamenten oder Darstellungen aus der Mythologie. Anders als Runensteine enthalten sie keine Inschriften.

Bonde: Ein Landbesitzer oder Bauer in Norwegen.

Brautpreis: Geld oder Eigentum, das von dem Bräutigam oder seiner Familie an die Familie der Braut übergeben wird.

Bug: Der vordere Teil eines Schiffes; bei Wikingerschiffen oft mit einem Drachenkopf verziert.

Byzanz: Stadt (auch Konstantinopel genannt) und Reich (oströmisches oder byzantinisches Reich). Die Stadt ist das heutige Istanbul, Türkei.

Danegeld: Eine Steuer, die vom ausgehenden 10. bis zur Mitte des 11. Jahrhunderts in England erhoben und als Tribut an die dänischen Invasoren abgeführt wurde.

Danelag: Der Teil Nord-, Mittel- und Ostenglands, der zwischen dem 9. und 11. Jahrhundert von den Dänen kolonisiert und beherrscht wurde; auch die deutlich vom englischen Recht abweichenden Gesetze, die zur Zeit der dänischen Herrschaft in diesem Teil Englands galten.

Drachenschiffe (Drakar): Die größten und mit Drachenköpfen am Bug geschmückten Langschiffe, mit denen die Wikinger auf Raub-, Kriegs- und Entdeckungsfahrt gingen.

Edda: Name der Frau, in dessen Hütte der Gott Rig bei seiner Wanderung auf der Erde drei Nächte verbrachte. Ehefrau von Ahn; auch Urgroßmutter genannt. Der Sohn, den Rigg mit ihr zeugte, war Thrall, der Knecht.

Eidhelfer: Vertreter der vor dem Thing klagenden oder beklagten Partei, die einen Eid schworen, dass die Darstellung ihrer Partei voll und ganz der Wahrheit entsprach.

Elle: Ein Stoffmaß, dessen Länge variierte.

Fenrir: Ein dämonisches Wesen, das für Tod und Vernichtung steht. Ein Nachkomme Lokis; auch Fenriswolf genannt.

Finnas: Ein anderer Name für die Lappen, die Bewohner eines Gebietes in Skandinavien, das großenteils nördlich des Polarkreises liegt.

Fjord: Ein langer, tiefer, schmaler Meeresarm zwischen steilen Ufern, der in der Regel weit ins Land hinein reicht. Die Wikingerschiffe eigneten sich hervorragend auch zum Befahren der Fjorde.

Freier: Eine Person, die im Gegensatz zum Unfreien Rechtsfähigkeit und politische Rechte besaß. Der Sohn von Rig und Großmutter; auch Karl genannt.

Frey (auch Freyr): Gott der Fruchtbarkeit und des Friedens, des Sonnenscheins und des Regens sowie des Reichtums. Bruder von Freyja.

Freyja (auch Freia): Göttin der Fruchtbarkeit, der Liebe, des Krieges und des Todes, Schwester von Frey. In ihrer Eigenschaft als Göttin des Todes teilt sie sich die im Kampf Gefallenen mit Odin.

Frigg (auch Frija): Die höchste der Göttinnen, die Beschützerin der Ehe; Gemahlin Odins und Mutter von Baldur.

Futhark: Das Runenalphabet, so benannt nach seinen ersten sechs Zeichen. Das Runenalphabet bestand aus 16 Zeichen, die einen Namen sowie eine Bedeutung hatten und den Lautwert wiedergaben, den der erste Buchstabe ihres Namens bildete.

Gall-Gaedhil: Eine irische Splittergruppe, die sich der Legende nach vom Christentum lossagte und mit den Norwegern die heidnischen Rituale beging; auch Fremd-Iren genannt.

Gesetzesfelsen: Die Erhebung bei Thingvellir nahe Reykjavik, auf der in jedem Sommer beim Althing der Gesetzessprecher stand und die isländischen Gesetze vortrug.

Gesetzessprecher: Im mittelalterlichen Skandinavien der Gesetzeskundige, der das Thing leitete; in Island der Häuptling, dessen Stimme in schwierigen Fällen ausschlaggebend war und der einmal jährlich vor der Volksversammlung das Gesetz vortrug. Dabei stand er auf dem Gestzesfelsen.

Gestaltveränderer: Bezeichnung für ein Lebewesen, das in unterschiedlicher Gestalt auftreten konnte. Insbesondere Personen mit wechselhaftem Wesen, die schnell in Raserei gerieten, vor allem in Zeiten der Gefahr. Erschreckende Gestaltveränderer waren die Berserker.

Godafoss: „Wasserfall der Götter." Ein Wasserfall in Nordisland, in den ein zum Christentum bekehrter Häuptling heidnische Götterbildnisse warf.

Gode: Isländischer Titel eines Priesterhäuptlings. Die Goden waren für die Aufrechterhaltung der Ordnung zuständig und traten zu regionalen Gerichten zusammen, um Streitfälle in ihren Zuständigkeitsbereichen zu entscheiden.

Götterdämmerung: Eine andere Bezeichnung für Ragnarök, das Ende dieser Welt, auf das eine neue Welt folgen wird.

Hellebarde: Eine Hieb- und Stoßwaffe, mit einer Pike und einem Axtblatt an der Spitze.

Haube: Eine Kopfbedeckung, die von Frauen im Mittelalter in verschiedenen Kulturen meist nach Alter und Stand unterschiedlich getragen wurde.

Häuptling: Der Führer einer Gruppe, eines Stammes oder einer Sippe; ein Jarl.

Hauskarl: Ein Freier im Dienst eines nordischen Königs oder Häuptlings, zu dessen ständigem Gefolge er gehörte.

Heck: Der hintere Teil eines Schiffes.

Heimdall: Der göttliche Wächter, der an der von ihm bewachten Regenbogenbrücke Bifröst wohnte; auch Rig genannt.

Hel: Die Göttin des Todes und Herrscherin von Niflheim, dem Totenreich.

Helluland: „Flachsteinland" – so nannte Leif Eriksson die Insel Baffin Island.

Hirtenstab: Ein Stab mit einem Kreuz oder einer Kugel an der Spitze.

Hrungnir: Einer der Riesen.

Jarl: Ein nordischer Häuptling oder Adliger, dem englischen Earl entsprechend; Rigs Sohn von Mutter, der den Stand der Fürsten oder Gefolgsherren begründete. Durch seinen Sohn Kon galt Jarl zudem als Ahn der nordischen Könige.

Jötunheim: „Wohnsitz der Riesen" – das gebirgige Eisland jenseits der Welt der Götter und der der Menschen, in dem die Riesen lebten.

Kaftan: Lockeres, knöchellanges Männergewand mit weiten Ärmeln, das gewöhnlich mit einer Schärpe getragen wird.

Karl: Der Freie; der Sohn, den der Gott Rig mit Großmutter zeugte. Karl galt als der Vater des Standes der Freien in der wikingischen Gesellschaft.

Kenning: In der Skaldendichtung ein bildlicher, meist zusammengesetzter Ausdruck, der ein gewöhnliches Substantiv umschreibt; eine Metapher.

Kettenhemd: Ein Panzerhemd aus metallenen Kettengliedern, das Schutz in der Schlacht bot.

Kittel: Knielanges Männerhemd.

Klinkerbauweise: Im Schiffbau des mittelalterlichen Nordeuropas die überlappende Anbringung der Planken.

Knorr: Ein wikingisches Handelsschiff, kürzer, bauchiger und breiter als das Langschiff, mit einem mittschiffs gelegenen, offenen Frachtraum für den Transport von Menschen, Tieren und Gütern.

Kon *(Kon ungr)*: Der Name des bevorzugten Sohns von Jarl. Kon galt als der Stammvater der nordischen Könige und Adligen; sein Name, Jung Kon oder „Kon ungr", war das Wort für König.

Langhaus: Ein Gemeinschaftshaus mit ein bis drei Räumen, 12 bis 30 Meter lang, zum Teil mit Anbauten, in denen Ställe, Lagerhütten und Werkstätten untergebracht waren.

Langschiff: Ein Schiffstyp in Klinkerbauweise mit einem Segel und je einer Reihe von Rudern an beiden Seiten, mit dem die Wikinger auf Kriegs-, Raub- und Entdeckungsfahrten gingen.

Loki: Ein Riese, der bei den Asen lebte; der listige Gott der Tücke, der Zwietracht und des Streites; die treibende Kraft hinter Baldurs Tod. Der Vater von Fenrir und der Weltschlange.

Markland: „Waldland" – so nannte Leif Eriksson Neufundland.

Met: Ein alkoholisches Getränk aus fermentiertem Honig und Wasser.

Midgard: In der nordischen Weltvorstellung die Wohnstatt der Menschen, auf halber Strecke zwischen Asgard und Niflheim gelegen und mit Asgard durch die Regenbogenbrücke Bifröst verbunden. Midgard war von dem Ozean umgeben, in dem die Weltschlange lebt.

Mitgift: Das Vermögen, das der Braut von ihren Eltern mit in die Ehe gegeben wird.

Mjöllnir: Thors großer Hammer, Symbol seiner Kraft und Stärke. Miniatur-Hämmer wurden gern als Amulett getragen.

Moräne: Stein-, Sand- und Schuttablagerungen eines Gletschers.

Mutter: Name der Frau, in deren großer Halle der Gott Rig bei seiner Wanderung auf der Erde drei Nächte verbrachte. Ehefrau von Vater. Mutter brachte Rigs Sohn Jarl zur Welt.

Nabid: Ein alkoholisches Getränk.

Niello: Verzierung von metallenen Gegenständen durch eingeritzte, mit schwarzem Schmelz ausgefüllte Zeichnungen.

Niflheim: „Nebelwelt" – in der nordischen Weltsicht die Wohnstatt der Toten, die nicht in der Schlacht, sondern aus Altersgründen oder an Krankheit gestorben waren; die dunkle, nebelige Welt der ewigen Kälte und Nacht.

Normandie: Landschaft in Nordfrankreich, deren Name auf die nordischen Invasoren zurückgeht.

Normanne: Diesen Namen erhielten die Skandinavier, die sich im 10. Jahrhundert in der später so genannten französischen Normandie niederließen.

Odin: Der höchste Gott der Asen, Gott des Krieges, der Dichtkunst, der Weisheit und des Todes. In seiner Eigenschaft als Gott des Todes teilt er sich die im Krieg Gefallenen mit Freyja. Gemahl von Frigg, Vater von Thor und Baldur.

Viertelthings: In Island der Name der vier regionalen Versammlungen, vor die Streitfälle gebracht wurden, die von den regionalen Goden nicht geschlichtet werden konnten.

Ragnarök: „Götterdämmerung" – die Zeit, zu der alles Böse entfesselt wird; Riesen und Dämonen werden Menschen und Götter angreifen, und es kommt zu einem Kampf, in dem die meisten Götter, Riesen und Dämonen getötet werden. In diesem Endkampf wird das ganze Universum (mit Ausnahme der Weltesche) untergehen – und wieder neu erstehen. Ausgewählte Götter und würdige Menschen (vor allem die Gefallenen von Walhall) werden ins Leben zurückkehren.

Regent: Stellvertreter, der die Regierungsgeschäfte für einen minderjährigen, abwesenden oder unfähigen Monarchen führt.

Riesen: Ein Geschlecht, das weder zu den Göttern noch zu den Menschen gehört, sondern ihnen feindlich gesinnt war. Sie besaßen unmäßige Kräfte und verkörperten die Vernichtung und das Chaos. Ihr Wohnort war Jötunheim.

Rig: Der Name, den Heimdall benutzte, als er sich auf der Erde aufhielt. Die Kinder, die Rig mit Sterblichen zeugte, wurden die Stammväter des Dreiklassensystems in der nordischen Gesellschaft: Knechte, Bauern und Jarle (Unfreie, Freie und Adelige).

Runen: Eckige Buchstabenzeichen oder Symbole, die angeblich magische Kräfte besaßen; in Skandinavien vom 3. bis zum 12. Jahrhundert üblich.

Runeninschriften: Inschriften zum Ruhme oder Gedenken einer Person oder eines Ereignisses, die man in Stein und andere harte Oberflächen ritzte.

Runensteine: Steine mit eingemeißelten Runeninschriften, die zum Gedenken an eine Person oder ein Ereignis errichtet wurden.

Rus: Ein altes Volk, dem Russland seinen Namen verdankt; nach Auffassung vieler Wissenschaftler waren es Schweden, die mit den Slawen Handel trieben und vor Ort ansässig wurden.

Schiffsbegräbnis: Die Sitte in den skandinavischen Ländern des Mittelalters, Tote auf einem Schiff unter einem Hügel oder in einem Grab zwischen stehenden Steinen zu bestatten, die den Umriss eines Schiffes bilden.

Schildwall: Eine militärische Formation, bei der die Krieger so eng zusammenstanden, dass sie, auch wenn einige tödlich getroffen wurden, nicht zu Boden sinken konnten.

Schwert: Eine Waffe mit langer, gerader oder leicht gebogener Klinge, ein- oder zweischneidig. Der Griff kann aufwändig verziert sein.

Skalde: Ein nordischer Dichter des Mittelalters, der Preislieder auf seinen Herrn verfasste, an dessen Hof oder auf dessen Anwesen er lebte.

Skaldendichtung: Höfische Dichtung, die ursprünglich in Norwegen entstand und von den isländischen Skalden zwischen dem 9. und 13. Jahrhundert weiter entwickelt und zu hoher Blüte gebracht wurde.

Sklave: Unfreier, Thrall; Angehöriger des niedrigsten Standes, der die unwürdigsten Arbeiten ausführte, ohne Rechte und ohne Schutz.

Skrälinger: „Schwächlinge" – so nannte Leif Eriksson die einheimischen Bewohner von Grönland und Vinland.

Sleipnir: Das achtbeinige Ross Odins, das seinen Herrn über den Ozean, durch die Luft und zwischen den Reichen der Lebenden und der Toten hin und her tragen konnte.

Speckstein: Ein weicher Stein; begehrt als leicht zu bearbeitendes Material für Schüsseln und Schalen.

Steven: Im Schiffbau der geschwungene Bauteil, der das Schiff an Bug und Heck nach oben verlängert.

Strandhögg: Überfälle auf Gehöfte, Siedlungen oder Klöster an der Küste und der Raub von Vieh oder anderem Eigentum.

Thing: Eine regionale Versammlung, die grundlegende Verwaltungs- und Gerichtseinheit im mittelalterlichen Skandinavien; in Island eine regionale Versammlung der Freien, die in Abständen zusammentrat, um Streitfälle zu klären oder Verbrecher zu verurteilen.

Thingvellir: Der Versammlungsort östlich von Reykjavik, an dem von 930 bis 1797 das isländische Althing tagte.

Thor: Der Donnergott; der bei der Bevölkerung beliebteste nordische Gott. Thor verkörperte Ordnung, Gesetz und Stabilität.

Thrall: Knecht; der Sklave in den skandinavischen Ländern; der Sohn, den Rig mit einer Sterblichen namens Edda zeugte; der mythische Begründer des wikingischen Sklavenstandes.

Tierkopf-Pfosten: Aufwendig mit Schnitzarbeiten verzierte Holzpfosten, die in drohenden Tierköpfen mit gefletschten Zähnen oder Reißzähnen enden. Es sind nur wenige solcher Pfosten gefunden worden. Welche Bedeutung sie hatten, ist unbekannt.

Treueeid: Gefolgschaftseid und feierliche Anerkennung der Treue und Unterstützung, die der Vasall dem Herrn schuldete, sowie des Schutzes, den der Herr dem Vasallen schuldete; diese wechselseitige Verpflichtung wurde von Generation zu Generation vererbt.

Trolle: Missgestaltete Wesen, die in Höhlen oder unter Hügeln lebten und besonders gern Kinder raubten und entführten.

Vadmál: Ein grober Wollstoff, den die Frauen webten und der als Währungseinheit diente.

Vater: Der männliche Bewohner der großen Halle, der den Gott Rig bei seinem Besuch auf der Erde aufnahm.

Vinland: Ein Außenposten der Wikinger, auch Weinland genannt, gegründet von Leif Eriksson um das Jahr 1000. Man weiß bis heute nicht, um welchen Ort an der Küste Nordamerikas es sich handelte, vermutet ihn aber zwischen dem südlichen Labrador und New Jersey.

Walhall: Odins Halle der Gefallenen in Asgard, wo sie die Zeit bis zum Weltuntergang mit Kämpfen und allen irdischen Genüssen, wie unmäßigem Trinken, Essen und Huren, verbrachten. Die Besten werden den Weltuntergang überleben.

Walküren: Odins Helferinnen, die auswählten, welche Krieger in der Schlacht fallen sollten; sie führten die Gefallenen nach Walhall, wo sie ihnen alle irdischen Freuden bereiteten.

Wanen: Ein Göttergeschlecht, das seinen Sitz in Wanheim hatte. Die Wanen wurden mit Fruchtbarkeit, Frieden und Überfluss ebenso in Verbindung gebracht wie mit Zauberei. Zu den Wanen gehörten Frey und Freyja.

Warägergarde: Krieger im Dienst der Herrscher von Byzanz, darunter viele wikingische Söldner.

Wikingern: Ein Ausdruck („vikingr"), den die Nordmänner für ihre Raub- und sonstigen Fahrten gebrauchten.

Zieheltern: Gefolgsleute norwegischer Könige und Adliger, bei denen deren Kinder aufwuchsen und erzogen wurden.

DANKSAGUNG UND QUELLENNACHWEIS DER ABBILDUNGEN

DANKSAGUNG

Für ihre Hilfe bei der Vorbereitung dieses Bandes danken die Herausgeber folgenden Personen und Institutionen:

Ute Drews, Wikingermuseum Haithabu/Archäologisches Landesmuseum Schleswig-Holstein, Schleswig; Heidrun Klein, Bildarchiv Preußischer Kulturbesitz, Berlin; Marie Montembault, Département des Antiquités Grecques et Romaines, Musée du Louvre, Paris.

QUELLENNACHWEIS

Nachfolgend der Quellennachweis der Abbildungen, die in diesem Band erscheinen. Die Nachweise sind von links nach rechts durch Semikolon, von oben nach unten durch Gedankenstrich getrennt.

Umschlag: Bibliothèque nationale de France.

1-5: Universitetets oldsaksamling, Oslo/ET Archive, London. **6, 7:** Schapowalow, Hamburg/Dr. Nowak. **8-11:** Artwork von John Drummond, © Time Life Inc. **12, 13:** Karte von John Drummond, © Time Life Inc. **14, 15:** Stofnun Árna Magnússonar á Íslandi, Reykjavik. **16, 17:** Werner Forman Archive, London/Universitetets oldsaksamling, Oslo. **18, 19:** Zeichnung von Lloyd K. Townsend. **20, 21:** Universitetets oldsaksamling, Oslo/Mittet Foto AS, Oslo/Foto von J. Brun; Universitetets oldsaksamling, Oslo; Universitetets oldsaksamling, Oslo/Ove Holst. **22:** C. M. Dixon, Canterbury, Kent, England; Universitetets oldsaksamling, Oslo/Ove Holst. **23:** Statens Historiska Museum, Stockholm. **24, 25:** Schapowalow, Hamburg/Sperber – York Archaeological Trust, York, Yorkshire, England. **26, 27:** Føroyar Fornminnissavn (Olav Schneider), Tórshavn, Føroyar, Färöer. **28:** Statens Historiska Museum, Stockholm/© Michael Holford, London. **29:** Werner Forman Archive, London/Statens Historiska Museum, Stockholm. **31:** Christophe Boisvieux – Copyright 1997, Preben Dehlholm, Moesgaard Museum, Højbjerg, Denmark. **32, 33:** Werner Forman Archive, London/Stofnun Árna Magnússonar á Íslandi, Reykjavik. **34, 35:** Anthony-Verlag, München/Jogschies; Artwork von John Drummond, © Time Life Inc. **37:** Werner Forman Archive, London/Statens Historiska Museum, Stockholm. **38:** Sten-M. Rosenlund, London. **39:** Raphaël Gaillarde/Patrimoine 2001/Fondation *LA CAIXA*. **41:** Werner Forman Archive, London/Universitetets oldsaksamling, Oslo – Universitetets oldsaksamling, Oslo/ET Archive, London. **42:** Eberhard Thiem, Lotos Film, Kaufbeuren. **43:** Gianni Dagli Orti, Paris/Moesgaard Museum, Højbjerg, Dänemark. **45:** Claus Hansmann, München, mit frdl. Genehmigung Universitetets oldsaksamling, Oslo. **46:** Gianni Dagli Orti, Paris/Statens Historiska Museum, Stockholm. **47:** Ancient Art and Architecture Collection, Pinner, Middlesex, England; Werner Forman Archive, London/Statens Historiska Museum, Stockholm. **48:** Archiv für Kunst und Geschichte, Berlin, Foto von Werner Forman/Statens Historiska Museum, Stockholm; Werner Forman Archive, London/Statens Historiska Museum, Stockholm. **49:** Werner Forman Archive, London; Werner Forman Archive, London/Statens Historiska Museum, Stockholm. **50:** Werner Forman Archive, London/Thjodminjasafn, Reykjavik. **51:** Bengt A. Lundberg, Riksantikvarieämbetet, Stockholm; Werner Forman Archive, London/Statens Historiska Museum, Stockholm **52, 53:** Bibliothèque nationale de France. **54, 55:** Schapowalow, Hamburg/Pratt-Pries; Picture Collection, The Branch Libraries, The New York Public Library. **56:** Raphaël Gaillarde/Patrimoine 2001/Fondation *LA CAIXA*. **57:** Statens Historiska Museum, Stockholm/ET Archive, London. **58, 59:** Universitetets oldsaksamling, Oslo/Ove Holst; English Heritage Photographic Library, London. **60, 61:** The Pierpont Morgan Library/Art Resource, N.Y. **62, 63:** York Archaeological Trust, York, Yorkshire, England. **64, 65:** Ted Spiegel, © National Geographic Society; Olavus Magnus, *Historia de gentibus septentrionalibus* (Buch 9, Kap. 28) Rom, 1555. **66:** Statens Historiska Museum, Stockholm/© Michael Holford, London. **67:** Gianni Dagli Orti, Paris/Moesgaard Museum, Højbjerg, Dänemark. **68, 69:** Ann-Mari Olsen/©Bergen Museum, Universitetet i Bergen; Jean-Loup Charmet, Paris. **70, 71:** Zeichnung von Lloyd K. Townsend. **72, 73:** Library of Congress. **74, 75:** Bibliothek der Akademie der Wissenschaften, St. Petersburg, Russland. **76:** Gianni Dagli Orti, Paris/Statens Historiska Museum, Stockholm. **77:** Statens Historiska Museum, Stockholm – Länsmuseet Gävleborg, Gävle, Sweden. **78:** C. M. Dixon, Canterbury, Kent, England. **79:** Museum of London. **80:** Kirche von Nea Moni, mit frdl. Gen. Editions d'Art Albert Skira, Genf. **82-85:** *Der Teppich von Bayeux* (11. Jahrhundert). Mit frdl. Genehmigung der Stadt Bayeux, Frankreich. **87:** Mit frdl. Gen. Riksarkivet, Oslo (kleines Bild) – © Jan Arve Dale-NN/Samfoto, Oslo. **88, 89:** Universitetets oldsaksamling, Oslo/Eirik I. Johnsen; *Der Teppich von Bayeux* (11. Jahrhundert). Mit frdl. Genehmigung der Stadt Bayeux, Frankreich. **90:** Statens Historiska Museum, Stockholm. **91:** George F. Mobley, © National Geographic Society – Universitetets oldsaksamling, Oslo/ Eirik I. Johnsen. **92:** Universitetets oldsaksamling, Oslo. **93:** Universitetets oldsaksamling, Oslo – Zeichnung von Richard Schlecht. **94, 95:** Ted Spiegel, © National Geographic Society. **96:** Christophe Boisvieux. **98, 99:** Stofnun Árna Magnússonar á Íslandi, Reykjavik. **100, 101:** Schapowalow, Hamburg/JBE. **102, 103:** Stofnun Árna Magnússonar á Íslandi, Reykjavik. **104, 105:** Rafn Hafnfjörd, Reykjavik; C. M. Dixon, Canterbury, Kent, England. **107:** Trustees of the British Museum, London. **108, 109:** Stofnun Árna Magnússonar á Íslandi, Reykjavik. **110, 111:** Stofnun Árna Magnússonar á Íslandi, Reykjavik; Bordüre von John Drummond, © Time Life Inc. **113:** Anthony Verlag, München/Grosskopf. **114:** Statens Historiska Museum, Stockholm – Werner Forman Archive, London/National Museum, Kopenhagen. **115:** Werner Forman Archive, London; C. M. Dixon, Canterbury, Kent, England. **116:** Gianni Dagli Orti, Paris/Nationalmuseum, Kopenhagen. **117:** Werner Forman Archive, London/Stofnun Árna Magnússonar á Íslandi, Reykjavik. **118:** National- und Universitätsbibliothek von Island, Reykjavik (no. JS410 4to). **119:** Claus Hansmann, München/mit frdl. Genehmigung Nationalmuseum, Kopenhagen. **120, 121:** Zeichnung von Richard Schlecht. **123:** Raphaël Gaillarde/Patrimoine 2001/Fondation *LA CAIXA*. **124, 125:** Nationalmuseum, Dänemark/Niels Elswing; Nationalmuseum, Dänemark. **126:** AKG Photo, Paris/Werner Forman, London/Universitetets oldsaksamling, Oslo. **127:** Statens Historiska Museum, Stockholm; Universitetets oldsaksamling, Oslo/Eirik I. Johnsen. **128, 129:** Werner Forman Archive, London/Statens Historiska Museum, Stockholm; Nationalmuseum, Dänemark (2); Wikingermuseum Haithabu/Archäologisches Landesmuseum Schleswig-Holstein, Schleswig. **130, 131:** Bergen Museum, Bergen/Ann-Mari Olsen; Copyright Trustees of the British Museum/British Museum Press, London; NTNU, Vitenskapsmuseet, Trondheim/Per E. Fredriksen. **132, 133:** Gianni Dagli Orti, Paris/Statens Historiska Museum, Stockholm; Statens Historiska Museum, Stockholm; Werner Forman Archive, London/Nationalmuseum, Kopenhagen – Nationalmuseum, Kopenhagen.

Zierelemente: John Drummond, © Time Life Inc.

BIBLIOGRAFIE

BÜCHER

Adamus Bremensis (Adam von Bremen): *History of the Archbishops of Hamburg-Bremen (Bischofsgeschichte der Hamburger Kirche, 1046).* Hrsgg. und ins Engl. übersetzt von Francis J. Tschan. New York: Columbia University Press, 1959

Almgren, Bertil, et al.: *The Viking.* Göteborg: AB Nordbok, 1975

Batey, Colleen, et al.: *Cultural Atlas of the Viking World.* Hrsg. James Graham-Campbell. New York: Facts On File, 1994

Bessinger, Jess B., und Creed, Robert P. (Hrsg.): *Franciplegius: Medieval and Linguistic Studies in Honor of Francis Peabody Magoun.* New York: New York University Press, 1965

Blindheim, Charlotte: *The Viking Age.* Oslo: Universitetets Oldsaksamling, 1974

Byock, Jesse L.: *Medieval Iceland: Society, Sagas, and Power.* Berkeley: University of California Press, 1988

Christensen, Arne Emil: *Guide to the Viking Ship Museum.* Oslo: Universitetets Oldsaksamling, 1987

Civardi, Anne, und Graham-Campbell, James: *The Time Traveller Book of Viking Raiders.* London: Usborne Publishing, 1977

Cohat, Yves: *The Vikings: Lords of the Seas.* London: Thames and Hudson, 1992

Crossley-Holland, Kevin: *The Norse Myths.* New York: Pantheon Books, 1980

Crumlin-Pedersen, Ole; Jorgensen, Mogens; und Edgren, Torsten: „Ships and Travel." In: *From Viking to Crusader: The Scandinavians and Europe, 800–1200.* Hrsgg. von Roesdahl, Else, und Wilson, David M. New York: Rizzoli, 1992

Dasent, George Webbe (Übers.): *The Story of Burnt Njal.* London: J. M. Dent & Sons, 1960

Davidson, H. R. Ellis:
Gods and Myths of Northern Europe. Harmondsworth, Middlesex: Penguin Books, 1964
The Road to Hel. Cambridge: Cambridge University Press, 1943
Scandinavian Mythology. London: Hamlyn, 1983

Die Edda: Götterdichtung, Spruchweisheit und Heldengesänge der Germanen. Übertr. von Felix Genzmer. Eingel. von Kurt Schier. München: Diederichs, 1992

Die Edda des Snorri Sturluson. Ausgew., übers. und komm. von Arnulf Krause. Stuttgart: Philipp Reclam jun., 1997

Die schönsten Geschichten aus Thule. Hrsgg. von H. M. Heinrichs. Nachw. von Kurt Schier. München: Diederichs, 1992

Die Saga von Egil. Aus dem Altisländischen. Hrsgg. und übers. von Kurt Schier. Düsseldorf-Köln: Diederichs, 1978

Donovan, Frank R.: *The Vikings.* New York: American Heritage, 1964

Edda Sæmundar: Poems of the Elder Edda. Übers. von Patricia Terry. Philadelphia: University of Pennsylvania Press, 1990

Eyrbyggja Saga. Übers. von Paul Schach. Lincoln: University of Nebraska Press, 1959

Fell, Christine E.: „Gods and Heroes of the Northern World." In: *The Northern World: The History and Heritage of Northern Europe, AD 400–1100,* hrsgg. von David M. Wilson. New York: Harry N. Abrams, 1980

Foote, Peter, und Wilson, David M.: *The Viking Achievement: The Society and Culture of Early Medieval Scandinavia.* London: Sidgwick & Jackson, 1970

From Viking to Crusader: The Scandinavians and Europe, 800–1200. Hrsgg. von Else Roesdahl und David M. Wilson. New York: Rizzoli, 1992

Graham-Campbell, James: *The Viking World.* London: Frances Lincoln Publishers, 1980

Graham-Campbell, James, und Kidd, Dafydd: *The Vikings.* London: British Museum Publications, 1980

Hallberg, Peter: *Die isländische Saga.* Bad Homburg – Berlin – Zürich: Verlag Dr. Max Gehlen, 1965

Haywood, John: *The Penguin Historical Atlas of the Vikings.* New York: Penguin Books, 1995

Heldenlieder der Älteren Edda. Ausgewählt, übertragen, eingeleitet und erläutert von Felix Genzmer. Stuttgart: Philipp Reclam, 1952

Hermannsson, Halldór: *Icelandic Manuscripts.* Ithaca, N.Y.: Cornell University Library, 1929

Hollander, Lee M.: *The Skalds: A Selection of Their Poems, with Introductions and Notes.* Princeton, N. J.: Princeton University Press, 1945

Jansson, Sven B. F.: *The Runes of Sweden.* New York: Bedminster Press, 1962

Jesch, Judith: *Women in the Viking Age.* Woodbridge, Suffolk: Boydell Press, 1991

Jochens, Jenny: *Women in Old Norse Society.* Ithaca, N.Y.: Cornell University Press, 1995

Jones, Gwyn:
A History of the Vikings. Oxford: Oxford University Press, 1984
The Norse Atlantic Saga: Being the Norse Voyages of Discovery and Settlement to Iceland, Greenland, America. London: Oxford University Press, 1964

Jones, Gwyn (Hrsg. und Übers.): *Eirik the Red and Other Icelandic Sagas.* Oxford: Oxford University Press, 1961

Klindt-Jensen, Ole: *The World of the Vikings.* Washington, D. C.: Robert B. Luce, 1970

Kristjánsson, Jónas: *Eddas and Sagas: Iceland's Medieval Literature.* Übers. von Peter Foote. Reykjavik: Hið íslenska bókmenntafélag, 1988

Laxdæla Saga. Übers. von Magnus Magnusson und Hermann Pálsson. London: Penguin Books, 1969

Logan, F. Donald: *Die Wikinger in der Geschichte.* Stuttgart: Philipp Reclam jun., 1987

Magnusson, Magnus:
Viking Expansion Westwards. New York: Henry Z. Walck, 1973
Hammer of the North. London: Orbis, 1976

Magnusson, Magnus, und Forman, Werner: *Die Wikinger. Letzte Boten der germanischen Welt.* Luzern – Hersching: Atlantis Verlag, 1986

Margeson, Susan M.: *Viking.* New York: Alfred A. Knopf, 1994

Marsden, John: *The Fury of the Northmen: Saints, Shrines and Sea-Raiders in the Viking Age, AD 793–878.* New York: St. Martin's Press, 1993

Martell, Hazel Mary: *The Vikings.* New York: New Discovery Books, 1991

Medieval Scandinavia: An Encyclopedia. Hrsgg. von

Phillip Pulsiano. New York: Garland, 1993
Njal's Saga. Übers. von Magnus Magnusson und Hermann Pálsson. New York: Penguin Books, 1960
Nørlund, Poul: *Viking Settlers in Greenland: And Their Descendants during Five Hundred Years.* Übers. von W. E. Calvert. New York: Kraus Reprint, 1971
Nylén, Erik: *Stones, Ships and Symbols.* Stockholm: Gidlunds Bokförlag, 1988
Oxenstierna, Eric Graf: *Die Wikinger.* Stuttgart: W. Kohlhammer, 1966
Page, R. I.: *Chronicles of the Vikings: Records, Memorials and Myths.* New York: Barnes & Noble, 1995
Pálsson, Hermann, und Edwards, Paul (Übers.):
Egil's Saga. New York: Penguin Books, 1976
Eyrbyggja Saga. Toronto: University of Toronto Press, 1973
Seven Viking Romances. London: Penguin Books, 1985
Pencak, William: *The Conflict of Law and Justice in the Icelandic Sagas.* Amsterdam: Editions Rodopi B.V., 1995
Phillips-Birt, Douglas: *The Building of Boats.* New York: W. W. Norton & Co., 1979
Pörtner, Rudolf: *Die Wikinger-Saga.* Düsseldorf: Econ Verlag, 1971
Randsborg, Klavs: *The Viking Age in Denmark: The Formation of a State.* London: Duckworth, 1980
Richards, Julian D.: *Book of Viking Age England.* London: B. T. Batsford, 1991
Roesdahl, Else: *The Vikings.* Übers. von Susan M. Margeson und Kirsten Williams. London: Penguin Books, 1987
Roesdahl, Else, et al.: *The Vikings in England.* London: The Anglo-Danish Viking Project, 1981
Rohan, Michael Scott, and Allan J. Scott: *The Hammer and the Cross.* Oxford: Alder, 1980
Sagas of the Icelanders: A Book of Essays. Hrsgg. von John Tucker. New York: Garland Publishing, 1989
Sailing into the Past. Proceedings of the International Seminar on Replicas of Ancient and Medieval Vessels, Roskilde, 1984. Hrsgg. von Ole Crumlin-Pedersen und Max Vinner. Roskilde: Wikingerschiffsmuseum, 1986
Sawyer, P. H.:
The Age of the Vikings. New York: St. Martin's Press, 1971
Kings and Vikings: Scandinavia and Europe, AD 700–1100. New York: Barnes & Noble, 1994
Schach, Paul. *Icelandic Sagas.* Boston: Twayne Publishers, 1984
Seven Viking Romances. Übers. von Hermann Pálsson und Paul Edwards. New York: Penguin, 1985
Simpson, Jacqueline:
Everyday Life in the Viking Age. New York: Dorset Press, 1967
The Viking World. New York: St. Martin's Press, 1980
Skaldensagas. Aus dem Altisländischen übertragen, eingeleitet und erläutert von Franz Seewald. Frankfurt am Main: Insel Verlag, 1981
Stenton, Frank (Hrsg.): *The Bayeux Tapestry.* London: Phaidon Press, 1965
Sturluson, Snorri:
Egil's Saga. Übers. u. hrsgg. von Gwyn Jones. New York: Twayne, 1960
From the Sagas of the Norse Kings. Oslo: Dreyers Forlag, 1984
Heimskringla: The Norse King Sagas. Übers. v. Erling Monsen und A. H. Smith. New York: E. P. Dutton & Co., 1979
King Harald's Saga. Übers. v. Magnus Magnusson und Hermann Pálsson. Harmondsworth, Middlesex: Penguin Books, 1966
Prosa-Edda. Altisländische Göttergeschichten. Aus dem Altisl. übertragen, mit Anmerkungen und einem Nachwort von Arthur Häny. Zürich: Manesse Verlag, 1991
Sveinsson, Einar Olafur: *Njals Saga: A Literary Masterpiece.* Hrsgg. u. übers. v. Paul Schach. Lincoln: University of Nebraska Press, 1971
The Northern World: The History and Heritage of Northern Europe, AD 400–1100. Hrsgg. v. David M. Wilson. New York: Harry N. Abrams, 1980
Thorgilsson, Ari: *The Book of the Icelanders (Íslendingabók),* Band 20. Hersgg. u. übers. v. Halldór Hermannsson. Ithaca, N.Y.: Cornell University Library, 1930
Thorvildsen, Knud: *The Viking Ship of Ladby.* Kopenhagen: Nationalmuseum, 1985
Thule: Isländische Sagas. Historische Fahrten und Abenteuer. Übertr. von Walter Baetke und Franz Nieder. Düsseldorf-Köln: Diederichs, 1978
Thule. Band 2. Die Edda. Götterdichtung. Übertr. von Felix Genzmer. Hrsgg. von Felix Niedner und Gustav Neckel. Revidierte Neuausgabe. Düsseldorf-Köln: Diederichs 1975
Thule. Band 9. Vier Skaldengeschichten. Übertr. von Felix Niedner. Hrsgg. von Felix Niedner und Gustav Neckel. Düsseldorf-Köln: Diederichs, 1964
Time-Life Bücher, Redaktion der: *Die Wikinger: Abenteurer aus dem Norden.* Aus der Reihe „Untergegangene Kulturen". Amsterdam: Time-Life Bücher, 1994
Time-Life Bücher, Redaktion der: *Vorstoß der Wikinger.* Aus der Reihe „Spektrum der Weltgeschichte". Amsterdam: Time-Life Bücher, 1988
Turville-Petre, E. O. G.:
Myth and Religion of the North: The Religion of Ancient Scandinavia. London: Weidenfeld and Nicolson, 1964
Nine Norse Studies. London: Viking Society for Northern Research, 1972
Scaldic Poetry. Oxford: Clarendon Press, 1976
Two Voyagers at the Court of King Alfred: The Ventures of Ohthere and Wulfstan. Übers. v. Christine E. Fell, hrsgg. v. Niels Lund. York: William Sessions, 1984
The Viking. Göteborg: Nordbok, 1975
The Vikings in England and in Their Danish Homeland. London: Anglo-Danish Viking Project, 1981
Viking Ways: On the Viking Age in Sweden. Stockholm: Swedish Institute, 1980
Wernick, Robert, und die Redaktion der Time-Life Bücher: *Die Wikinger.* Aus der Reihe „Die Seefahrer". Amsterdam: Time-Life Bücher, 1987
Whitelock, Dorothy (Hrsg.): *The Anglo-Saxon Chronicle.* London: Eyre and Spottiswoode, 1961
Wilson, David M. *The Vikings and Their Origins.* London: Thames and Hudson, 1980
Wise, Terence: *Saxon, Viking and Norman* (Reihe: „Men-at-Arms"). London: Osprey, 1979

ZEITSCHRIFTEN

„Das wahre Gesicht der Wikinger." GEO, Nr. 10, Oktober 1997
LaFay, Howard. „The Vikings." *National Geographic,* April 1970
Setton, Kenneth M.: „900 Years Ago: The Norman Conquest." *National Geographic,* August 1966

SONSTIGE PUBLIKATIONEN

Tweddle, Dominic, Hall, Richard, und Lloyd-Brown, Carolyn: *Viking Ships.* Informationsmaterial für die Wikingerschiff-Ausstellung in St. Saviour's Archaeological Resource Centre, St. Saviourgate, York, 1987
Vikings! Traders and Craftsmen. Ausstellungskatalog. Seattle: Nordic Heritage Museum, 1984
The Vikings Exhibition. Ottawa: National Gallery of Canada, 1968

REGISTER

Kursiv gedruckte Seitenzahlen verweisen auf eine Abbildung zu dem betreffenden Stichwort.

TIME LIFE

TIME-LIFE BÜCHER

Wie sie damals lebten
IN DER WELT DER WIKINGER

EDITOR: Denise Dersin
DIRECTOR, NEW PRODUCT DEVELOPMENT:
Elizabeth D. Ward

Deputy Editor: Marion Ferguson Briggs
Art Director: Alan Pitts
Text Editor: Stephen G. Hyslop
Associate Editors / Research and Writing:
Jarelle S. Stein, Sharon Kurtz Thompson
Senior Copyeditor: Mary Beth Oelkers-Keegan
Technical Art Specialist: John Drummond
Picture Coordinator: David Herod
Editorial Assistant: Christine Higgins

Besondere Mitarbeiter/innen: Charlotte Anker, Dónal Kevin Gordon, Ellen Phillips (Autoren); Gaye Brown, Christine Hauser, Elizabeth Thompson, Myrna Traylor-Herndon (Textrecherche); Arlene Borden, Jessica K. Ferrell, Beth Levin (Recherche); James Michael Lynch (Redaktion); Lina Baber Burton (Glossar); Barbara L. Klein (Register).

Korrespondentinnen: Maria Vincenza Aloisi (Paris), Christine Hinze (London), Christina Lieberman (New York). Wertvolle Hilfe leisteten darüber hinaus: Dag Christensen (Oslo), Barbara Gevene Hertz (Kopenhagen), Andrew Keith (Moskau), Angelika Lemmer (Bonn).

DEUTSCHE AUSGABE:
Leitung: Marianne Tölle
Textredaktion: AFR text edition, Hamburg
P. Alles-Fernandez, Dr. H. Renwrantz

Aus dem Englischen übertragen von
Alžbeta Lettowsky

Titel der Originalausgabe:
What Life was Like – When Longships Sailed

Berater:
Richard N. Ringler ist Harvard-Absolvent. Gegenwärtig lehrt er als Professor für Englisch und Skandinavistik an der University of Wisconsin-Madison. Seine Forschungsschwerpunkte sind Geschichte, Sprache und Literatur des angelsächsischen Englands und des mittelalterlichen Skandinaviens. Zu beiden Forschungsgebieten veröffentlichte er zahlreiche Bücher und Artikel. Richard N. Ringler studierte unter anderem an der Universität von Island in Reykjavik und unternahm Forschungsreisen zu den Orkney- und den Shetland-Inseln sowie den Hebriden, um die Expansion der Wikinger nach Westen vor Ort zu studieren. Außerdem ist er Fachmann für Sprache und Literatur des heutigen Islands.

ISBN 90-5390-835-8

Weitere Reihen von Time-Life:
NATÜRLICH GESUND
MYTHEN DER MENSCHHEIT
TIME-LIFE WELLNESS-PROGRAMM
FASZINATION FERNE LÄNDER
BESSER FOTOGRAFIEREN
MINDPOWER
UNTERGEGANGENE KULTUREN
DER WILDE WESTEN
GEHEIMNISSE DES UNBEKANNTEN
EDITION DIE DEUTSCHEN LÄNDER
DIE NATIONEN EUROPAS
DIE FARBIGEN NATURFÜHRER
TIME-LIFE EDITION KOCHEN & GENIESSEN
KÜCHEN DER WELT
KINDER ENTDECKEN …
KINDER FRAGEN …
SPIEL-SPASS-LERNPROGRAMM
BIBLIOTHEK DER KINDERKLASSIKER
JUNGES WISSEN
BIBLIOTHEK DER SCHÖNSTEN MÄRCHEN
DIE TIERWELT ENTDECKEN

Dieser Band gehört zu einer weltgeschichtlichen Reihe, die an Hand von Zeitzeugnissen – Berichten, Briefen und Tagebucheintragungen – ebenso wie von Kunstobjekten und Haushaltsgegenständen ein realistisches Bild vom Leben der Menschen vergangener Epochen entwirft.

20 19 18 17 16 15 14 13 12 11 10 9 8 7 6 5 4 3 2